❀ *A minha Ilha em Flores* ❀

Um livro da autoria do: ➜ **DUKE R SILVA** ⬅

Data de submissão à imprensa: 12/12/2023
Publicação: 12/19/2023
Improvisada versão portuguesa, da original EUA produção de
"My Island in Flowers"

LIVROS MÁGOAS DO MAR

DUKE R SILVA, como:

Autor, Compositor e Editor
Distribuidor
Introdutor
Interpretador e tradutor
Responsável por Desenhos, Arte e Composição Tipográfica

<u>**OFICIALMENTE REGISTADO EM**</u>:

- Livraria do Congresso, *Estados Unidos da América*,
- WorldCat.org / O.C.L.C., Inc. (banco mundial de dados bibliográficos, Inglaterra)
- Nielsenbook.com, UK (serviço geral de publicações internacionais, Inglaterra)

<u>**MERCADORES**</u>:

- Amazon (e-Books e Impressos -Mundial)
- Barnes & Noble (e-Books e Impressos -Mundial)
- Ingramspark.com (e-Books e Impressos -Mundial)
- Apple, e-books / ITunes (*51 Países*)
- Google, e-books
- Walmart / Kobo.com, e-books

<u>**e-Books**</u> (1*51 Países*) <u>vendidos internacional por</u>: Ubuy.com / Ingramspark.com / Kobo.com / Goodreads.com / perusall.com / booktopia.com / everand.com / bol.com / ibst.it / gandhi.com / deutsche-buchhandlung.de / jstor.org. etc…

<u>Copyright Notice</u> (aviso de direitos autorais):

Noticia legal / <u>**isenção de responsabilidade**</u>

No seu conjunto e sem quaisquer deduções daí resultantes, o conteúdo deste livro foi apenas um produto de ficção e/ou da opinião, suposições e pensamento criativo do próprio autor. Tudo permanecerá assim verdadeiro e sem alteração, desde a sua criação e data de publicação, até o fim do tempo, não obstante às coincidências em nomes de pessoas e personagens, lugares e coisas, independentemente de uma verdadeira existência das mesmas na vida real, (seja tal no passado, presente ou futuro). Todas as histórias relacionadas à pessoas reais conhecidas pelo autor, permanecem como meras melhores lembranças dele, narradas como tal, sob sua pessoal visão delas e/ou doravante em ficção. As opiniões aqui declaradas não devem ser interpretadas em quaisquer inferências por parte do leitor, de que o autor era, de modo qualquer, um especialista em assuntos de ciência, política ou similares, cujas matérias fariam parte deste mesmo livro.

<u>DEDICAÇÃO:</u>

Envolto em verdadeiros e sinceros sentimentos de simpatia e amor, este ingênuo manuscrito vai de imediato e directamente dedicado aos amados inspiradores Anciãos da nossa *Ilha em Flores*, de onde orgulhosamente descemos sob o sereno tropical soalheiro, enquanto banhados pelas espumas calmantes da turquesa do Atlântico em nossa ilha mágica da *Brava, Cabo Verde*, o berço da morna, habitante nostálgico de boa gente e lindas flores. É este o tal chão trilhado pelos sagrados pés dos tais, como o Nhó Eugénio, Nhó Raul -Flor di Brava, Nhó Djédji Portero, Nhó Eduardo Lopes, Nhó Jose Nha Dji, Nhó Josezinho violinista, e muitos mais naturais sábios e talentosos poetas e artistas sem medica… somente por eles fui capacitado, e de cujas preciosas lições de vida, de capacidade imaginativa em criação, e de amor humano, fui poupado do mal e encorajado a ser melhor, aquando do mais terno, delirante e frágil fase da minha jovem vida. Ao longo de toda essa meticulosa jornada e o desenrolar da vida, foram sempre eles os meus verdadeiros ídolos residentes da Estrela "negra" Norte, a inspiração nos avanços e nas labutas intelectuais da minha pobre vida. Farol-guia, razão para melhor esperança em todas as horas tenebrosas da minha esforçada vida, deles carrego comigo as lembranças que melhor auxiliam minha conduta e enriquecem a minha alma em chamas humanitárias. Faço aqui de suas significativas -mas agora caladas- palavras as minhas, quando falo de assuntos relativos à Causa Humana, e dedico meus ardentes e melhores plausíveis pensamentos aos fins mais sérios da Literatura Universal, da Ideologia Pessoal, da província Filosófica, e da questão de Equidade Social e comum. Pois, sem este ritmo cívico, moral e existencialista, para mim a vida seria, mas uma simples forçada existência!

Tristemente nos deixaram em tempo muitos deles, mas sem nunca ficassem esquecidos,

*** *<u>Duke R Silva</u>*! ***01/12/2023*

Duke R Silva,

Um laborioso autor, cujas obras poéticas procuram tocar todas as almas, através dos seus relacionamentos de formação com a vida e suas experiências comuns, com o objectivo de elevar o espírito, discursar questões e nutrir a mente leitora. Pode-se dizer que sua poesia é uma imagem verdadeira do seu espírito, narrando histórias, transmitindo ideias e sentimentos, ao mesmo tempo em que ironicamente criticava a vida humana, onde esta tinha falhada em favorável apogeu ou a melhores assentos ao colectivo.

Seu trabalho varia de estilos poéticos em Abstrato, Balada, Dramático, Verso Livre, Elegia, Lírica, Epigrama e Narrativa... compõe a constituição de seus escritos materiais desde as experiências e dificuldades da vida, romance e mistérios do coração, vínculo humano e valores compartilhados, cultura e costumes, justiça social e equidade, crítica sociopolítica e comportamento humano, mesclada com princípios filosóficos em metafísica, naturalismo, existencialismo e moralismo. Emula pensamentos em história poética, inspirado por antigos bardos, oradores, críticos e lógicos da prosa, e a intérmina província filosófica, as vezes bem poroso ao estilo arcaico.

As versões das suas publicações em inglês, ainda mais o culpavam das tais "infrações" inteclectuais, muito especialmente quando vinha a ser aos labores em filosofia e literatura geral, os quais intende ele publicar em mais futuros volumes.

Nascido a 28 de fevereiro de 1962, nas costas tropicais da pacífica e amorosa República de Cabo Verde (Brava, a *Ilha das Flores*-para mais), estabeleceu-se nos EUA em 1980 juntamente com os seus familiares e amigos.

As suas façanhas escolares têm sido procuradas através dos árduos caminhos da vida, que remontam aos bons ensinamentos da terra natal, sendo a sede de conhecimentos amplos e de cultura geral a que magnetizam as suas curiosidades à mais, grandemente inclinadas às artes criativas e livre ampla indagações sobre a questão da animação humana e história, auxiliadas pela faculdade do Polaris em Filosofia e Literatura em Moralismo. *Suas melhores e fecundas lições vêm dos sábios anciãos da ilha natal.* Seu estilo de composição poética tende a exibir um paladar à versos livres, prosa e discursivas redações, com maior prevalência em relação aos outros, embora Narrativa e Lírica não permaneciam distante dentro do contexto, sempre incorporando uma certa ironia por meio de filosóficas análises e críticas em tudo. A crença dele, era de tentar aplicar suas melhores qualidades intelectuais em suas obras, ao invés de os prometer em vãs superfluidades ou sofisticações linguísticas tendentes à condecoração do próprio ou da obra: ➔ *Nos deixamos que para ambos falasse o trabalho em si!   Fim!*

Introdução:

O dia era o primeiro na cronometragem, tabulada e atribuída à 1 de janeiro do ano do Senhor © 1972. Uma amena e fresca manhã no vale que abrangia nossa humilde aldeia, onde toda a sua boa gente levantou à excitação de um novo ano. O clima social sempre se elevava de ótimo à supremo em dias como este. Crianças como nós, insaciavelmente curiosas, enérgicas e sem fastio, levantávamos bem cedo para participar na celebração, e deliciarmos nas nossas porções, bem como naquelas que os adultos poderiam ter dispensado. De repente, aí uma entonação cortou os ares, cativando a vizinhança toda, naquele estado hipnótico familiar, que só esses músicos trovadores da Morna podiam produzir. Era um quarteto folclórico, acústico que havia encerrado a noite de divertimento da tradicional festa de Ano Novo, e agora estava decidido, sem dormir, a continuar indo de casa-em-casa dos mais familiarizados, e fazer sua saudação, tocar algumas peças e compartilhar um trago da bebida "AGT' -água ardente- da ilha natal, o doce e sedativo, "Grogu", fruto das melhores canas-de-açúcar, preparado na trapiche e alambiques da região de lagoa. É esta, então, a bebida cuja aroma, em avanço traia o gosto, pois o primeiro sobressaía ainda o último. Esta visita estava dentro da margem tradicional da terra em tal ocasião. Com apenas dez anos de idade, não pude deixar de admirar o seu (o grupo) calor humano, vigor e camaradagem, enquanto exibiam o desempenho mais talentoso perante a família, num total de quatro peças. Excepto de a comemorativa dedicada ao Ano Novo, todas as cancões foram melancólicas e com mensagens líricas, tocadas em ritmos e tons a um roxo senso sentimental poético, como se fossem sonetos de um recitar poético acompanhados for adornos instrumentais. Eram as mesmas cancões idênticas ao "Blues" da América, que agora conheço, sendo ambos estilos influenciados-mas-não-curados das raízes. A tal obstinada, inevitável e genuína raiz cultural africana, que se estende até Cuba, América Latina, Caribe, e mais... O guitarrista solo também cantou duas das quatro, num ar tão comovente de um cantor espiritualmente ligado à sua música. -Ele as chorou-, para ser mais justo e preciso, seus olhos lustrosos em lágrimas de uma aparente alegria melancólica diante da família e dos vizinhos que harmoniosamente vieram se juntar a nós. A banda havia viajado muito, durante o enevoado amanhecer, descendo à aldeia naquele momento, acordando todos. Teriam não de muito longe ir buscar essas melodias sentimentais, pois houve prontamente uma participação

opulentada de escritores e poetas populares por toda a ilha, com o falecido
Eugénio Tavares no seu alto pedestal. Muitos dos que criaram, arranjaram e, com
alegria compartilharam, tão preciosos poemas/canções, consideravam-se nada
mais do que comuns apreciadores da cultura, do folclore e do passatempo, como
desfrutadores de seus frutos. A literatura era um talento dotado à maioria dos
cidadãos e, na maioria das hipóteses, produzida para um prazer comum. Aí tive eu
então, o meu primeiro de-perto encontro com os trovadores e poetas da nossa
querida Ilha.

Contudo, entre todas as letras que conheço como produtos do tempo,
lamentavelmente nenhuma mensagem musical ousou protestar contra o desumano
maltrato que essa boa gente sofreu durante longos séculos, sob o regime
repressivo que sobreviveu a escravatura e se prolongou até 1975, o ano da nossa
independência, como ainda era mantido por uma ordem muito rígida de ditadura
marrada na exploração nacional. Sempre, simplesmente as canções limitaram-se a
mensagens de conforto, motivação, rítmica de incitação popular de danças, amor e
romance, e aos sofrimentos sempre nostálgicos dos amores perdidos nas garras
cruéis da emigração. À medida que cresci e comecei a usar melhor da minha
frágil mente, comecei a entender o quão capacitados esses bardos e desconhecidos
trovadores realmente eram. Apesar das dores vindas de repressões sofridas, da
pobreza absoluta e das condições de vida antiquadas, o talento estava a surgir
entre estas pessoas na narração de histórias, na música, na composição e na
execução de instrumentos. O padeiro, o pedreiro, o lavrador, o pescador, o pastor
e, também e não menos importantes, o barbeiro, sapateiro e o ferreiro, todos
pareciam ter algum conhecimento de música, e tocavam algum instrumento nos
tempos livres ou nas celebrações, escreviam ou recitavam um poema, falavam
bem e inteligentemente. Tocava-se não apenas o violão de seis cordas, mas
também e popularmente o de doze, bandolim, violino, cavaquinho, guitarra solo e
rítmica, guitarra portuguesa, gaita e muito mais, acompanhados de adereços de
percussão como pandeiros, tábuas de lavar, maracás, etc. Todas as apresentações
foram acústicas, sem qualquer meio eletrônico, e sem aprimoramento, exigindo,
portanto, precisão e ouvidos apurados. Os tocadores (como era suas rigorosas
éticas de trabalho), levavam música muito a sério. As danças eram executadas de
maneira personalizada, elegante e respeitável, variando entre a cumbia clássica, a
polca, a mazurca, varça e outros estilos de danças de salão, além de outros
tradicionais da terra, como a coladeira e a morna. Portanto, crescemos numa terra
bastante enriquecida em cultura e costumes, apesar dos seus outros aspectos

negativos da pobreza, e dos inesquecíveis efeitos adversos nascidos do jugo colonial maligno, sustentado sob o regime de ditadura-ao-punho-de-ferro da hegemonia colonial portuguesa. Eugênio Tavares, um gênio fenômeno humano tanto em inteligência como humanidade por méritos próprios, considerando a notável e vasta qualidade de trabalho que nos proporcionou, ignorou seus confortos e intitulados prestígio, para, ao invés, se amanhar ao povo e abraçar a causa de protesto à injustiça e abuso humano. Nada fisionómica, ou em termos de linhagem familiar, ainda menos a potencial posição social dele os dávamos como um de nós. No entanto, por decisão pessoal e íntima ligação ao solo e a gente, se converteu em um dos melhores que posávamos identificar na massa dos Crioulos. Muito antes de Cabral e outros, já estava ele plantando as sementes, com quais troncos se iria derrubar o demónio pescoço colonial, embora indirectos sejam suas ações perante a revolução que vinha a ter lugar através dos incalculáveis sacrifícios do nosso reverendo líder Amílcar Cabral e seu grupo de filhos heróis da terra mais tarde. Cabral, um cristalino fruto negro de puro-sangue e imenso coração africano, também era uma outra singular estrela brilhando em tais siderais confins junto ao primeiro. Sô que ele, também, na terra brilha, e sempre há de, não só em rica filosofia e literatura sociopolítica, mas também poesia e fábulas populares. Suas obras sobressaiam as de Frantz Fanon, quem o inspirou em certo modo, chegavam perto em conjugadas ideias, ao Karl Marx, Frederick Engels, Ludwig Feuerbach, Emanuel Kant, John Locke, David Hume. No meu ponto de vista, estas nossas elevadas mentes em homens de letra e virtudes intelectíveis, considero como ilustres fraternos da sociedade intelectual Cabo-verdiana. Como a inglesa formulação linguística os intitulava: "***The Capeverdean Intelligentsia Society***". Suas heranças ainda nos inspira e nos ensina muito, há de nos continuar assim fazer. Mas havia uma série de outros bastante talentosos atrás deles, e uma abundância de possuidores de sabedoria entre nós, pessoas cujas falta de formação académica não os roubou qualidades inteligíveis, decoro social e civismo, bem como mentes criativas e produtivas. Eram Eles pessoas altamente sofisticadas, relativo ao ambiente em que foram criadas, e os poucos meios permitidos a eles. São tais humildes filhos, afortunados espíritos no nosso vento sueste, o nosso quente sol, a nossa morna e flores. Sal da terra e benevolentes compatriotas, cujos corações cabem mais do que o vasto Atlântico.

Este trabalho é uma compilação de alguns entretenimentos da tal herança e aliança mente/alma, nos vividos casos ao longo dos anos, moldados de acordo com meus sentimentos internos e habilidades cognitivas. E, assim, enquanto me divirto em publicar meus poemas, prosas, verso-livres e discursos, não devo deixar de sentir um certo senso de alívio, de que muitos desses grandes homens não estão mais por perto para criticá-los, isso colocando-o a um humor moderado, e sabendo bem que não devo equivaler a mais do que um novato, um leigo, trabalhando com um esforço ingênuo. Ainda assim, gostaria de implorar que o leitor me desse o prazer de compartilhar este produto da minha pobre mente, por mais escasso que seja, pois, a esperança seria de buscar a aprovação e as ideias vossas, não de instituir qualquer conhecimento meu, do qual sou bastante vazio.

Que as sombras do nosso passado e simples gente, ajudem a enriquecer nossos futuros empreendimentos,

D.R.S.!

Calada distância
Triste sol poente de
Sonhos amputados,

Relâmpagos sem trovoada
Que cortam o tímido horizonte!

As esperanças que morrem
Fascinadas, decapitadas

Pelas trevas do
Silêncio e da distância! [2003]

Paixão!

Cegas apetências
Infestam ardentes
Corações de apaixonados,

Acarinhados por doce
Palavras e cativante calor
Dos radiantes sorrisos,

Nos sedativos olhares,
Arejados e fascinantes,
Cobiçando Sonda...

Magoados peitos
Marcados pelo tempo,
Mas resilientes à esperança!

Almas, em fé, rogam
Este a se diferir d'aqueles
Do sombrio passado!

Aí, Varões e varoas
Fielmente enlaçam amáveis
Expectações d'um novo primórdio!
Duke R Silva
2010/08/28

A tarde natural...

Era uma tarde soalheira e tranquila...
Uma alegre andorinha, acima flutuou,
Dela um típico e doce canto no meu
Tímpano sentimental, em gosto caiu!

De longe, o espetacular Sol transmitia
Seus raios através dum prisma celestial,
trocando cor aos objectos da terra toda...

As nuvens, ao bem de participar neste
palco natural, variavam de espessuras e
Tons, expondo certas faces do puro azul do céu.

Suave vento fazia sibilar os pinheiros
Na distância, enquanto a água macia do lago
Projectava reflexões das arvores marginais e
Portava as folhas do outono na calma corrente...

No capim dos majestosos campos me deitei
Escutando o som de grilos e rãs, no refrescar
Do orvalho, correndo as mãos ao solo e respirando

Bem fundo, na companhia da amiga mais próxima
E incondicional, donde nos originamos e também
Atraímos: -a incógnita e misteriosa mãe de tudo,
Que até a um incrédulo como eu, incita a interrogar a fé...!
Duke R Silva
10/28/2004

Mar...!

Os dramas, o espírito do mar
Connosco sempre em desassossego!
Este abismo infinito que detém a Ilha natal,
Corroendo seus maciços, e seus filhos pescadores

Pune, esmaltando-os as faces em seca salina...
Ele que ruge nas areias das praias, quebrando contra
Os picos vulcânicos, amedrontando as frágeis lanchas buscando a vida...
Que novos mundos nos oculta, e as almas dos bravos marinheiros sepulta!

O mar, que incita orações aos trêmulos lábios,
Atemoriza lacrimosos olhos dos que ficam!
Uma agonia de saudades dos idos nômades,
Que só nos alcançam através das fotos e letras imotivas...

Às vezes em fragrância no ar, essências de
Chãos ricos, trazidos pelos emigrantes de verbas,
Em festivos desembarques ao fim de reviver os nativos
E provocar a pobreza imortal da saudosa terra-mãe!

O mar, a melancolia dos antigos navegantes,
Rimada em fábulas de misto sabor dos tempos passados;
De baleias capotando lanchas, afogando os encalhados,
Das embriaguezes, e mulheres-de-vida dos portos estrangeiros...

Este constante mar dentro de todos nós; em cancões folclóricas, ou
Silenciado em pensamentos das perdidas cálidas donzelas mulatas,
Das coxas roliças e vibrantes de pretas de seda, bem como
No inquieto desejo da viagem que morre em nossos sonhos!

Mar, o paradoxo da nossa vida: - um convite em todas as horas,
E a todos os filhos do monte, para o saborear das novas costas;
Mas, em contraste, um luto dos perecidos bravos corações...!
E aqueles cujos fins chegam antes do desejado regresso à mãe!

Sem a tristeza da partida, não haveria a alegria da retorna -assim dizem!
Embora famílias são apartadas, amores amputados e sonhos rompidos;
Contudo, entre muitos homens, ainda este desespero dum fervente
E inato sonho de querer partir, mas de ter de ficar...!   [2010]

Estilhaços dos *meus sonhos*

Ao alto avoaça meu doído coração
Nublado por minhas mortas esperanças,
Acamadas nas asas duma águia, rainha
Dos céus avistando todo o inferior!

Enquanto eu, taciturnamente flutuava
Na macia penugem dum gracioso Alcione,
Rumo a um pôr-do-sol nostálgico,
Minha fé denegrindo no horizonte!

Estilhaços dos meus fragmentados sonhos,
Espalham-se sobre os fervorosos mares,
A sepultura dos espíritos nômades de tempos
Sombrios, que pereceram em busca da luz!

Hoje, a beleza exótica dos pavões nestes
Majestosos campos forasteiros, nebulosa
Me aparenta entre as minhas densas lágrimas,
Enquanto a triste materna rola, amargurada

Na alma, me chora em companhia solitária
Da natureza afásica, serenamente estagnada!
Voa-me o mais alto que os meus sonhos sustinham,
Desprendido dos meus tormentos e temores,

A calmar minha alma em alturas celestiais
Próximo a Deus, onde solenemente pausam os anjos!
Livra-me dos meus demônios... Do meu próprio!

Duke R Silva
Johnston, RI EUA, 2010/06/04, 21:57, ET

As inocentes almas Bravenses

Robusta Ilha de crista dourada que,
Vestida em nuvens, como uma miragem
Acama na turquesa vacilante do Atlântico;
Suas costas esculpidas, espumadas
Por ondas furiosas e hostis, que
Banham seus penhascos nus e corroídos.

Habitando as suas íngremes colinas e descidas
Clivagens dos abismos secos e erodidos,
São os corações inocentes, conteúdos de falta,
Nas crianças de fé, mas por Deus esquecidos!

Sinuosos trilhos de terra, sem amparo nos guia às
Soltas casas de pedra-e-barro nos picos celestiais...
Vapor tingido saindo da pilha de fumo,
Traz a esperança de uma diminuta manja ao noturno abrigar,
Os miúdos ainda brincando ao crepúsculo nas terras do chão!

Coro dos animais caseiros ao trocar de boa noite,
Enquanto uma árida briza da imperdoável Sahara,
Assobia seca aos campos de mortas esperanças
Enquanto Avozinha rezava agradecendo o Senhor!

Os miúdos, com alegria, atendem a chamada para a ceia,
À humilde e turva luz de um candeeiro ao canto.
Lavando as pequenas rachadas mãos em águas pardas,
Eles alimentam sua inocência em doces melodias.
O prato do Pai primeiro é servido, à cabeça do banco carpinteiro,
Enquanto calados os jovens lutam contra a ansiedade na espera.

E então, juntos pregoam à conclusão do serviço,
Agradecem o divino pelas bênçãos do dia, e,
Silenciosamente a família partilha sua escassa doação,
-Subjectivamente Abundante, por eles visto! -
Pequeninos, após assentam-se sob as estrelas, à orla
Da cisterna, a contar partes ao luar quente da quieta noite!

Em triste, cedo se acaba para o exigente descanso do dia!
Jacentes em colchões de capas de milho, em unidos corroídos catres
Eles meditam-se nas estrelas lá em cima no infinito,
Vistas através das gretas do coberto de vime
Num esforço de se relaxar a dormir!

Nos sonhos fantasiosos sobre pensamentos subjugados,
Muitas vezes vivem eles uma epifania de um novo mundo
Lindamente alterado, das coisas ouvidas durante o dia,
Pois seus desejos estão vivos sob os seus estados de contentes!   (2010)

Amanheci só, sem ninguém!

Claro era, que se sem ninguém
Amanhecesse eu, presente e só estaria eu;
Mas só que dramatizar a tal, preferia eu!

Em outros, atenção procurávamos,
Ao tentar preencher um vazio
Que dentro nós nos doía!

O mau da gente sempre nosso era,
Pois que a noção também era. E mais,
O senso da maldade só nascia no sentido!

Adormecendo, só culpava o desejo!
Mas atraiçoado por este ficava,
Que o meu e o dele eram opostos!

Assim como do desejo gostávamos,
Mas não tanto da realidade,
Pois que esta, à ambos era desobediente!

Vivi só, e só morri, por decisão própria,
Embora depois outros algo culpavam,
Pois assim era o fingido irrelevante romance!

Sempre de só morrer desejava eu,
Mesmo que uma outra procurava
Ao bem da comum contradição e pessoal solidão!

Tarde aprendi que o cedo melhor era,
Quando do fim mostrado me vinha
Que o último primeiro era!

<u>Do que nos enganam eles,</u>
<u>*nos enganávamos nos*</u>*!*

Quando engana a cabeça, o mundo,
Enganava então o mundo, o mundo,
Desde que a cabeça supremo era!

Quando da coisa confundido o mundo fosse,
Da coisa confundia para o mundo, o mundo,
Que nada podia a coisa confundir!

Quando até metade aparecia o copo,
Meio cheio tal então era,
Que vazio sempre o copo era.

Pois quando doía o coração,
Doía a Cabeça, mas não aquele,
Que a confusão, da Cabeça vinha!

Quando de mim desgostam eles,
Sempre de eles desgostava eu,
Pensando que eram eles o eu!

Também quando de dor o coração tremia,
A mente era o que de dor tremia,
Pois o coração só da pressão dela tremia!

Isso aprendi quando me bofeteava a mãe
Por ao invés a própria se bofetear pensando ser eu,
Sendo que a dor sempre dela era!
<u>Tais são as perplexidades humanas!</u>

Amoroso pretendente gosto

Genuína sensação de amor, uma
última emoção era no apaixonado,
Cujo inato compulso seria, mas manifestações!

Verdadeira rejeição feminina, sempre
Como absoluta e fria, caía em injustiça
No inflamado néscio coração de paixões!

Sempre alguém amamos, sem nunca questionar
O racional, assim como sempre nos alegrávamos
Em nome, mas não como verdadeiros tais viventes!

Fácil sempre era fingir, complicado
Ao passo viver tais fingimentos,
Que sempre enganosos gostos eram!

À medida que estes ao realismo
Crescessem, realísticas então seriam
Eles, ao menos perante meus desejos!

Tão quão meus sonhos sustentassem,
Assim igualizariam meus ajustados gostos
Acordados às verdades cujas faces escondidas seriam!
Que sempre fácil era o pretender!

A busca de AMOR

Muitas pessoas nos chance,
Sondando através da vida;
Viver tentamos nós, ensaios mistos
Sustemos, lições, por vezes, aprendidas!

Envelhecer cedo, amadurecer tarde,
Numa jornada de esperanças renascidas,
Posteriormente começamos por compreender!
Pausamos então, e, de melhor se conecte o homem.

Sentindo-a como estável, nos tornamos mais sábios
Em nossas escolhas. Somente neste estágio,
Finalmente se reúne toda a glória, as autênticas
Cores e a verdadeira essência do amor.

Mal sabemos ao encontrarmos uma desejada aparição
Significando merecida dos nossos genuínos e densos
Sentimentos, que seria ela a única e final…

Até onde nos levariam tais horizontes?
As primeiras alegrias, muitas vezes são
Polvilhadas de medo, sentimentos duvidosamente
Contidos, plenitude obscurecida por incertezas…

No entanto, os sentimentos magnéticos prevaleciam tais
Sinceros instintos para crescer em amor. Apesar de tudo,
Nossas almas se libertam, e florescemos em uma felicidade
Viçosa, sonhadoramente flutuamos nas asas da fé!

Finalmente mágico é…
Debaixo do véu da confusão da vida, somos capazes
De regredir a contradição, à medida que avistamos,
Capturamos e defendemos o Amor!

Pois, uma vez descoberto, torna-se no precioso tesouro da vida.

VERDADE

Rara, evocativa e custosa palavra,
Inicialmente desejada, logo depois rejeitada;
Apropriadamente usada, ela era doce e útil,
Senão prejudicante e horrível!

A verdade é agridoce: elogiada, bem como detestada.
Ela nos liberta, mas nunca impune,
Ela Contesta o arbítrio-próprio e a bravura to homem;
Um convidado ao lamento dos seus hospedeiros!

Seu portador se desculpa mais do que o das mentiras,
Ela risca mais infortúnio do que a desonestidade;
Inoportunamente, ela cambaleia os que a ouve,
Perigo a condenar seu portador, como um criminoso!

Alegremente, ela voa da sua boca de nidificação,
Mas trastorna as estranhas orelhas onde pausa.
A verdade, o contraste entre a sua ideia e som!
Louvável por poucos, censurável para muitos,
É sempre inquirida, mas nunca bem-vinda!
Verdade, toda a verdade e nada mais
Senão a verdade, que nos ajuda ó Deus - Diz-se -

Diria eu: Verdade, sempre verdade;
Verdade a todo o custo.
Ao custo da paz do meu próprio lar,
Au custo do bem-estar dos que mais amo,
Ao custo da minha própria alegria.
A verdade em primeiro lugar, antes e supremo a tudo.

Parece melhor (e de facto essencial para preservar a verdade),
Demolir os nossos mais próximos e queridos.
Pois, embora ambos para nós são caros,
Era o nosso moral dever de dar o primeiro lugar à verdade.

Meus dias de mistos sentimentos e roxa alegria
São causados pela minha enraizada convicção
De fazer da verdade um eterno amigo!
Embora me lembra ela do divino prêmio que me espera,
Sempre volto a casa sangrando em sua defesa!   [2001]

Chuva de prata

Nascidas dos lábios carinhosos da mãe velha,
Provérbios abençoantes me cantam a missa da vida,
Cujas penitências, em ditados se tornam!

Após sentimentais perguntas antecipadas
Por puros desejos de boas respostas, mesmo
Sabendo de a realidade precária ser, tenta ela sorrir!

Abendiçoando-me eternamente contra todo o mal,
Ela ainda me instrui da verdade das gente e das coisas
Tristes deste mundo ingrato e malicioso...

Alma pura debaixo de um rosto sofrido, ignorando
As dores dos espinhosos caminhos da vida, dos maltratos,
Rejeições e pouca sorte que imerecidamente a coroam...

Relativamente pouco conheço dos meus pais,
Nem me atrevo provocar a revivência das tristezas
Que julgo habituar nestes doloridos peitos…

A viagem longa de destino vagabundo, a forçaram
A abraçar coisas ruins em chãos estranhos, lutando
A nos salvar das eminentes cruzes penitenciais,

Neste novo mundo em que vive ela, mas não reconhece...
Chuvas de prata é o nome desta planta,
-disse ela! Dava-se bem em Cabo Verde...

E depois, em tristeza, as rugas crescem no rosto
Dela, enquanto tentava vencer os sentimentos
Das saudades da terra deixada e da gente morta...!
02-01-2005

ERRO, *ou confirmação?*

Da inteligência
Memorizadas lições a vir,
Embrulhadas em preconceitos;

Assim como do esquecer,
O erro e arrependimento
Defendidos pelo pedido perdão!

Mas da ignorância,
A malícia nunca,
Mesmo quando aparecidas.

Das crenças pessoais
Pensadas convicções,
De conversas alheias imitações.

Jamais seriam
Tanta gente enganadas
Por tão insignificante um Ser!

Que se pede opinião
Ou faz-se perguntas só
Para confirmar preconceitos!

A maior luta que se tem inteligência,
Era a tal interna contra si,
Incitada por paixão, ajudada pela teima!

Um adormecido gigante!

Apartados das suas Ilhas nostálgicas,
Perdidos nos céus atlânticos buscando
Esmero em uma nova e reformada vida,
Os filhos da saudade então sentam-se além do
Horizonte, nos Chãos auspiciosos da América.

Progênies das lastimáveis costas remotas,
Impulsionados pelas túrbidas águas sem fim,
Como achados lares colonizam novos confins,
Partilhando seus triviais sonhos na calada Diáspora!

Almas mudas de sonhos arruinados e falsas esperanças,
Hoje aceitam pobres acertos, bebendo d'um ópio conforto,
Onde os objectivos da vida deram lugar a convictos substitutos!

Falhando o seu entrelaço ao contemporâneo tecido social, então
Perderam a chance de colecta comum e associação estrutural…!
Uma vez filhos orgulhosos, cujos planos ao tempo vacilaram,

Transformaram-se num gigante adormecido e sem voz,
Com falta de função ou determinação, num vasto terreno aberto
Onde se concilia a uma diminuente amanhã de ditaduras risonhas!
2013/10/10

Seloc !!!

Quem, na ilha das flores, esta palavra não ouviu, quando despertava
Do horizonte o tal navio, lento descendendo da irmã ilha do Fogo?
Só o capitão Anibal perdeu, e depois acusou a Ilha Brava de ter perdida!

Nhó Ivo, o primeiro homem de estilo e classe
Concedido à minha curiosidade infantil,
Elegantemente marchava a avenida em esplendor,

Em rumo directo ao cruz grande, fato bem esticado
Sobre a camisa de cascas de ovo ao cor do mar,
Seu binóculo pendurado ao centro, como sendo gravata preta!

Este andar dum cavalheiro em firmeza da sua personalidade,
Sem tempo de cheirar as rosas dos nossos floridos jardins de meio,
Pois não podia arriscar o inicial anunciar do Portugal ou do pérola-do-oceano!

Ernestina e Matilde eram para longos cursos, histórias cujas trariam alegria só
Em relação à primeira! Pois que a Matilde se sepultou com seus tristes desertados
Em solitárias escuras águas de abismos desconhecidos! A segunda, agora um objecto histórico.

Déca, dono do navio Portugal, menos importava com tais celebrações, preocupado com a fumaça e o
comércio geral. O Tei, sempre abusando do Nhó António dobrada, ou em cómico.
Nhó Bonga, um açougueiro, preparando carnes e sorrindo às gentis guerras dos jogos de ouril.

À frente do Nhó Tuca, assim como o Nhó Dádá, mesmos jogos, à piada se tinham,
Enquanto Nhó Hilário e Nha Armanda cuidavam dos embriagados, Nhó Fidjinho e Nhó Djin
Pacientemente medindo os grãos e apontando a caderneta dos fiéis fiadores…óptima vida, era essa!

Assim era a Ilha; em paz, emulando fantasia! Nem o Bate-Bate ou Pedro Panatu
Como rejeitados, contrariamente acolhidos amigos eram. Padre Pio, depois De parar
À cadeia, a libertar seu bêbado cristão, dirigiu-se a Sá Eucaristia a aceitar confissões.

Oh… O João de Marimília se pegou com o Juvenal, João de Bita, coberto em tintas observando,
E o Valdemar, Patona e Simão da Polícia, como mais acentuados, só em sorriso lamentavam.
Mas o Nhó Ivo sempre seguiu nos mesmos ritmos, como sendo em tapetes vermelhos.

As peixeiras não ainda tinham chegado a disturbar seu ritmo e dar mau cheiro ao seu fato.
Meninos da escola materna, ansiosamente o acolheram e fizeram-mo um deles. Mas, ainda
Por debaixo um bom dia do Coné de Fabatal, e por de cima o do Nhó Jaime de Fogo, da aldeia.

À uma privada microvista, o Nhó Ivo declara a hora do Seloc! se apareceu, Seloc, Seloc…!

As nossas fraquezas e incompreensões!

Talentos ofertados por bons homens, à melhora
E o bem-estar da vida comum, nem sempre
Seriam adequadamente validadas pelos beneficiários!

*A **música*** só como dança era tomada, ***anedotas*** ouvir e rir,
Conselhos, a se repetir como copiadas sabedorias,
Fábulas ao passatempo e o impressionar da audiência,

Pinturas para decorar o lar e ajudar se fingir de ricos,
Carpintaria para encher a casa, e de tais se gabar e repousar,
Poesia, emocionar o espírito ou copiá-las como cartas de amor,

Filmes ao bem de se divertir e matar curiosidade,
Livros e novelas as mesmo fim, ***conversas de doidos***
Tal como eu, para troçar e descartar como nada…

Quando pediu do ignorante a casca da banana a matar a fome, o inteligente,
Suspeitoso ou arrogante o primeiro o ofertou a semente, ao invés.
Deus queira que não se reconhecia ele depois, que comeu a casca!

Tanto do precioso pelas mãos nos passa, só para ao chão cair e desaparecer!
Tal como ovos quentes nas mãos de um menino.
Pobres desconsideram o básico princípio à riqueza: -o valor adicional do centavo.
Por isso, assim se mantenham! A formiga passa o verão à colheita, enquanto a cigarra festejando.

A primeira não dorme, trabalha em grupo, e sempre conserva.
A desilusão da festa, é que nos atraía à lobos vestidos de ovelhas,
Causando-nos tal truque da magia, e a esquecermos do amanhã!
No frio inverno da fome, a cigarra vinha à formiga pedir uma esmola.

Todos à festa ir queriam, ninguém a ficar e limpar.
Mais simpatia se nos tinha em tristeza do que em sucesso,
Que a condição humana deles, preferia inferioridade em nós!
Tal sentida elevação por eles demostrada, parecia ser nossa na altura.

Após ocasião à júbilo, convém reter raciocínio ao incorrido custo,
Que o baixar da maré, tende de expor quem sempre nu nadava!
Talvez a mais poderosa e complexa criatura na terra,
Ainda era a menos por nós considerada, pois era pequena: - ***a formiga***!

Meus Tormentos!

As bordas do meu fúnebre coração
Ostentam estigmas sangrantes
Dum passado melancólico!

Nas nuvens da minha pesarosa mente
Flutuam memórias penitenciais,
Aflições das quais, emperrado corro!

Perante a minha estática visão, imóveis
Estão os meus pecados, minha miséria…
-A silhueta da tua imagem em chamas!

Assim como a minha sombria
Penumbra, me guias e me segues
Aos ângulos da divina turva luz!

És a minha tímida alegria,
Falso sorriso, a podre fruta dos meus
Espíritos amortecidos dum coração enfermo!

És o violáceo, o gélido inverno
Da minha alma negra, perdida
Em noites tenebrosas e solitárias,

Temendo o brilho do dia que a mim
Jamais me traz trilhos mais salvos
Do que o meu noturno frígido inferno

Profundamente sito nas reminiscências
Tormentosas do meu intelecto,
Evoluindo o meu mundo em desperdício!

Deixa morrer meus sensos vitais,
Poupa das ingratas trevas humanas
Este filho já bem sofrido!
USA, 07/01/2006

Mensagem minha!

De um sombrio canto
Da minha câmara de lamento,
Solenemente em palavras converto
Eflúvios germinados no meu coração, transitados
Pela minha fustigada mente dos penosos tempos!

Para o deleite e a percepção dos meus pares,
Esta, resfriada, moldada e amolecida envio,
Numa cobiçosa bandeja de prata… ouso
Acordar certos nervos, num ambíguo
Modo de provocar as suas emoções:

-Em amigáveis Sorrisos de convicção,
Eu acaso compartilhar disfarçadas histórias
De contenção, longamente negligenciadas,
Enquanto discretamente aqui me aterro,
Como um mensageiro arriscado!

Em ilusiva crença de repentinos milagres
E, em desdém aos efeitos dos seus actos,
Já me cresci insensível à minha própria dor
E aos seus desprezos... imune à injustas
Calúnias dos diabólicos corações seus!

Sou um negro pombo-postal escravizado pelas
Épocas; porto uma mensagem das mais revoltantes
áreas da minha memória, alimentando
Em meu sofrido coração dum nómade do vento leste:
-Em demanda, um apelo a ti, através dum raivoso protesto meu!
06/11/2004

Nascer do sol na **Fajã d'água**

Após repousada noite em lindos sonhos,
Aliviado acordei-me ao som das efervescentes
Ondas pulsando na granulada areia preta.

Possuído dum excitante vigor,
saí a saudar o Sol do dia na ruptura
Do horizonte atrás da Esparadinha.

Na plácida baía uma lancha solitária
Ninava, em cuja pope pausavam
Duas gaivotas marinheiras, cantando.

Atrás de mim, calvas montanhas
Gentilmente se iluminavam dentro
Deste mutante écran dum brilhante teatro...

Deserta, pacientemente aguardava
Tal paraíso o despertar dos filhos,
Sua natural face húmida do orvalho da noite.

Coro de animais domésticos
Já não podiam preservar o
Quieto do terral, eu à beira-mar

Sentado às pedras vulcânicas,
Ansioso ao espectáculo natural a vir,
Uma quente caneca pela mão!

Uma neblina se tornou no espectro,
Reflexão do prisma do céu, exibindo a
Maravilha brilhante do início do dia!

Sem pressão ou inquietação,
Ninguém que me desse dor,
Me elevei a este fenómeno celestial!

Fajã D'Agua, Brava, CV 04/2006

O amor do meu sonho

Ávido d'um apaixonado
E genuíno afecto,
Uma essência absoluta,
Debaixo d'uma angélica
Fáscia de amor!

Corações cruzados
Numa promessa a valer,
Que enraizada seja tal
Em áreas fecundas d'alegria,
Não em passivas e inertes
Trocas de luxúria …

Que seja um fervoroso
Esplendor de devoção,
Salvo das necessidades
Humanas de conforto;
Um amor por bem querer,
não por ter de amar...

Corações conjugando
Uma alegria experiencial,
Mas não actos experimentais,
Subsistindo em áreas
Não sujeitas ao espaço ou tempo!
Nos meus sensíveis sonhos,

Imagino-te como a rainha
Casta do meu ardente coração!
Como teu fiel escravo, prometo-te a minha devoção,
Eu, teu príncipe de durável charme!
Sonhei que teus fascinantes sorrisos,
Fariam brilhar o luar da noite fria... (*cont*)

A minha alma era um jardim florido,
Meu espírito se alegrava sob seus suaves apalpes!

Meu medonho coração chora cura
às longas e torturadas cruzadas,
Um refúgio deste mundo de desespero...
Por fim, me repousava no sereno do teu olhar!
E iriamos então nos escapar da escuridão
Deste vales carcerários e, em triunfo alcançar a cimeira,
Planeando os campos de doação romântica, ao pôr-do-sol!

Eu, já fui batido como tambores,
Como guitarra tocado,
Mastigado como um clarinete...
Já fui melodias a ouvidos surdos,
Tenor a desertos vazios,
E depois, lançado
Derrelicto às areias da ilha deserta!

Em nome consagrado de São Valentim,
De todas as crenças e milagres, eu orei:
Que os céus se abrissem e descendesses a mim...
2009/03/03, 10:14, ET, EUA

O espírito *da minha alma*
Assim como o plácido
E deserto mar, que eternamente
Oscila ao infinito horizonte,
Ocultando as almas finadas;

Esta gloriosa beleza
De tons variáveis, debaixo
Do esplêndido celestial,
A face d'um abismo de vidas caladas!

Ou como os confins siderais
Onde se brilham as estrelas
Em constelações singulares, e o luar
Se torna forma e cor ao entreter da noite,

Nuvens graciosamente se abafam em algodão
De cobiçosos tons acima dum céu imaculado,
O sol vigorosamente brilha e, em lágrimas a chuva cai...

Como as árvores que se elevam ao alto cume,
Águas eternas que correm ao profundo,
Pássaros melódicos que docemente cantam
Entre as ergues colinas e os vastos planos...

Assim o tempo exorta o meu espírito! (2010/07/28)

Paraíso imaginativo

Ela dentro do meu alcance,
Minha sintética esperança falhava…
Todavia, ainda por dentro me convenço
Um intuito de "Dama do meu trono"!

O Eu, intimamente confinado,
Meus desejos e vontades falhava
Como o confiado provisor de tais
Afeiçoados românticos sonhos!

O tempo, ao qual como vítima me rendo,
Age de ser sem nenhuma piedade,
Sendo um dia inútil tomado como um perdido!

Vida, a mãe de todas as épocas,
Em mim repousa um incógnito fim,
Enquanto retendo sua carente orientação!

Céus, para o qual orar não me atrevo,
Em mim nenhuma bênção derramam,
Para cujo, um renegado eu,
reclamar jamais atrevia!

É apenas mais um flutuante
Dia no meu engenhoso
E divertido paraíso próprio! (01/018/2009)

Presas lembranças...

São gotas choradas
Pelas tristes névoas
Numa melancólica tarde,

Que me agitam o coração,
Tal frágil prisão das imagens
Do inolvidável e penoso passado!

Além do horizonte, o amigo
Sol, em natureza perde a luta
Contra as nuvens molhadas e,

De novo, ele cai, me deixando
Num crescente e medonho escuro!
...Estas lágrimas dos anjos no céu,

Que meus áridos olhos aguam,
Meu peito sufocam, das lembranças
De que não me consigo libertar!...

Duke R Silva
10-21-2010

Quando nos morrem os velhos!

Aguardados sentimentos de tristeza
Evolvem nossa sufocada alma,
Sentindo seus dias se aproximando,
E os encantos das suas qualidades em perigo!
Fonte de sabedoria e do bem comum,
Doadores incondicionais de bênçãos eternas,
Pregadores louváveis das lições da vida!

Quando nos falece um velho,
Um vazio torna-se dos nossos
Perdidos corações… de repente,
A pedra angular desaparece
Do alicerce do nosso próprio,
Pondo-o, em penas, desequilibrado…

Em lamento, observamos
Seu legado em nobres valores!
Em medo de sua ausência,
Nós, por dentro, convencemos força!

Ricos remanescentes de uma
Melhor eminência do homem,
Cujas qualidades de graça,
Raciocínio e rectidão,

Teríamos de nos esforçar a replicar
Num terreno desfavorável de hoje!
Do seu carcaça um toque,
Um falar silencioso, um olhar final,

Ao vigor do nosso frágil estado,
E a nos lembrar de como era antes,
Quando o homem confiava
No outro e amou o seu próximo! **(cont)**

Despeje-lhes água sagrada,
Pô-los puro solo,
Coloque-os rosas...
Muitas rosas das nossas ofertas:

-Rosas amarelas, a nos relembrar
Do seu calor humano,
Rosas vermelhas, à alegria da sua presença,
Rosas roxas como melancolia a sua partida!

Mas os velhos, que a nós
Desde nossos partos nos conduz,
E as nossas vidas enriqueceram,
Em morte nos separam não mais
Do que permanecem em nossos corações;

-As suas perpetuidades em memoráveis
Heranças, connosco sempre há de se permanecer!

Remanescentes d'outrora

Meu processo de busca dum futuro enigmático,
Em relutantes terrenos de hoje se graniza,
Como obstinado raiz estendendo ao passado;

Matérias cognoscíveis de então,
Tornam-se em conhecidos
Factos actuais, que permitem

A visão à um avante horizonte,
Guiado pela luz da sensatez,
Evidenciada nas mais ínfimas realizações!

Os mínimos, perdidos nas ruínas do meu passado,
Alçam-se a serem elos na cadeia dos eventos
Da pobre vida, a qual me foi concedida!

Memórias da sábia mansidão dos anciãos,
Nostalgia dos amigos de infância, são
Imagens que em minhas lágrimas flutuam...

Cruéis saudades sinto, do fecundo e genuíno amor
Retido nas pós e orvalhos da doce pobreza,
Da seca distante terra que ainda meu lar em paz é...
...Quando, do nada, tão rico ainda eramos....

Saudades!

Nas fecundas áreas do meu curtido
Coração, caras anamneses abrigo,
Ao animar dos meus contínuos lamentos;

Lembrança de actos bondosos da minha
Gente pobre, o genuíno sorriso e fértil
Espírito das gentis almas perdoadas…

A lindeza divina do seco chão
De paz, e as graças humanas dos
Maltratados filhos sem rancor!

As nossas baías remotas e vácuas, onde
Brilha a lua e dançam os golfinhos
Ao som natural das ondas batidas.

As mornas tocantes, pairando o ar
Sereno, ao luar da árida meia-noite,
Choradas pelos acústicos dos maestros

E trovadores ignorados do nosso doce Crioulo,
Revelando sentimentos dos românticos
Pecados, encadeados nos abismos

Das suas almas escravas; ágeis detidos sonhos,
Que nem o tempo ou a distância podiam matar;
-Os resignados amantes de secretos conceitos!

Saudades das acanhadas cálidas mulatas,
As risonhas africanas de pele de chocolate,
As inflamas paixões, perdidas à emigração!

As saudades, que acesas vivem dentro de nós,
Sem cura e sem fim, apenas um aliviar em
Revive-las ao nutrimento das nossas pobre almas! (11/08/2011)

Seja o Natal ao ano todo!

Seja alegre todo o ano, tanto em
Ações, bem como em pensamentos,
Ainda mais, nas raízes sentimentais,

Ao mérito de pessoas agradáveis,
Como em agridoce às de maneiras cruéis,
Me alimentando que **até** me brilho em júbilo,

Enquanto em sorrisos, meu mal escondo,
Meu espírito ao perdoar convenço,
Esperanças ilumino, meu raciocínio ingénuo.

Às vezes meus impulsos imerjo no benefício
Da paz e da carente camaradagem invejada,
Minha alma se alegra em incertos prospectos...

Menor mágoa é o errado contra mim,
Do que seria o meu pecado em retribuir,
Ao magoar de ambas almas e adoecer do meu coração!

Então em silencio, negros actos diários aturo
De cínicos inimigos em pretensiosos sorrisos,
Enquanto debilmente luto a me manter nobre e livre...

Que a paz do Natal não os esqueça!
12-23-2012, 10:43pm, ET, USA

Serenata

Quieta, macumba noite
Sob um morno luar de verão,
Insere meu coração em chamas,

Das prendidas memórias
Inquietando minha alma cativa
No abismo dos meus ardentes desejos!

Doces sacrilégios de amor,
Penitências do teu escravo que,
Em vão, na negrura do seu mundo
Busca a luz dos teus perdidos olhos!

Meu partidário violão, suavemente
Torna a minha angústia em canções,
Debaixo desta abstrata janela
Da tua prisão doméstica...

Rimas, versos de paixão,
Na esperança de que, nos teus
Sonhos te vinha um pressentimento
Que amanhã ia mudar a
Realidade da tua subconsciência,

Em amor para esta alma cruzada!
Versos solenes da minha
Magoada serenata, são dedicados
À tua amante coração de anjo!
Duke R Silva
05/14/2012

Sonha comigo, coração!

Sangrante coração meu, padecente
Desta lunática mente submissa
Ao ilusório trilho d'amanha…*sonha!*

Atido ao inalcançável horizonte,
Vítima da utópica esperança deste ser
Sem medo das águas incógnitas…*sonha*!

Ao sonhar, tanto me guiavas como me seguias, à crença de ser
O próximo dia a próspera realidade dos filhos esquecidos
Na bucal história negra das costas fluviais da mãe África!
Libertos escravos escalando os muros do escuro abismo colonial
Á conquista da sonhada luz de emancipação mental e progresso
Econômico, num novo e mutante mundo de poucos meios...!

Dos idosos cujas fábulas nos fascina e assusta, de sonhos mutilados
E esperanças decapitadas, chorosamente ruminadas ao bem do passatempo
E conselhos da vida, nos quintais das pobres ilhas monótonas e sem chuva...

Sonha coração... E de sonhar, que jamais deténs!
Que para nós, nada será, do que a alucinação d'um sonho;
-Um sonho tão velho e bem triste, ao ânimo da inconsciência...

Nas asas alimentais deste sonho, ainda um se sente vivo e útil;
-Aí podemos nos animar e alegres viver num raciocínio abstracto;
E, submisso ao tal estado de fantasia, usufruíamos dos mais fictícios sonhos...
Havemos de aprender sonhar só atractivos sonhos de sucessos finais, sonhados
Ao dormir, bem como despertados, com menos surpresa neste último estado, pois
Nossos mal ajustamentos ao despertar, se acordariam à realidade das nossas vidas actuais;
...que as suas diminuentes distinções só se elevariam a minúsculos contrastes!

Ao sombrio lunar, no compasso do violão em lágrimas
Do tal aflito amante condenado a prisão emigrante,
No enterro da alma sofrida da avó e seus irrealizados sonhos, *sonha*!

Sonha comigo ao bem dos olhos dos famintos,
Peitos dos sofridos e espíritos dos torturados!
Nas sentidas horas de despedida e as almas eternas da saudade... *Sonha…* *[2010]*

Sou um Marinheiro

Um marinheiro sou, aos riscos,
Ermo, flutuando as vagas
De um mar eterno e incerto!
Lido com a mutável leme
Neste concedido posto,
Numa viagem de acaso e sem destino!

Não recordo meu porto de partida
Nem arrisco alcançar a costa;
A fé só, minha lástima alma alimenta...

Em meus sonhos, resgatava
Peregrinos derrelictos, encontrados
Frágeis, tolhidos, encarando a morte!

Conquanto, jamais elogiado,
Sempre culpado fui,
Devido o desconforto da nave!

Temia dormir, ao risco de fatal
Actos de traição por parte dos salvos,
Cujo egoísmo em eles a gratidão cegava.

Vígil e ao guia da Estrela Norte,
Orientações e bênçãos dos sensos,
Navegava em contento do meu desânimo,

Pois que a ameaça na inconsolável Natureza
Sabia eu que de nenhum pretendido mal era,
E, no meio de tudo, esta, a minha angústia aliviava! (08/19/2011)

Sou um pensamento *perdido ao tempo…*

Uma alma cruzada, perdida nas nuvens do tempo,
Me broto de áreas remotas desta matriz,
Do berço ainda visto como casto filho deste mundo!

Hoje, um andarilho aflito, olhando o seu futuro
Em esporas, entre soluços e gotas de lágrimas,
Assombrado pelas tristezas de ontem,
Temendo os turvos escrúpulos da ulterior!
Ao iminente **perigo dos** maltratos do mundo,
Muitas belezas da vida, despercebidas me passaram.
Ternamente amei, o mesmo que à ambos a mágoa trouxe!

Obscurecido dos meus objectivos primordiais,
Me atraí ao reduzido aceito dos mínimos;
-Os que à minha fraqueza, viciosamente satisfariam…
Ilusões sedutoras apartaram meus tangíveis prémios
E, **em** injustiça, me lançaram num perpétuo descarrilo …!

Dentro de mim ainda vivem sinais da sabedoria perita,
-Principais valores inatos de tantas luas e costas atrás…
Mas, ainda assim, o demónio **a** minha vulnerável carne tenta,
Perigando o poroso núcleo deste homem da renascença!

De algo, nada sou eu! Apenas o **imito em** vago conceito!
Mito duma criação invejada,
Tímida e pálida **sombra** do meu passado **sou,**
Um culpado eco do meu inconsciente…

Sou um **pensar-agente** de um ser, cujo simbolismo
desesperado persigo até ao fim, nesta incerta
esperançosa estrada à minha própria morte!
2014/03/11, Pawtucket, RI EUA, 10:06, ET

Avó **"TAI"** *-Antónia-*

Atrás do ritmo do andar idoso dela,
Gatinhamos as estradas íngremes e sinuosas
Ao campo, numa manhã nublada de agosto,
Enquanto mastigava eu animadas canções
infantis!

De vez em quando ela voltava para mim
Com um sorriso carinhoso, enquanto instruía
O teimoso burro à sua castigada marcha.

Uma vez eu respondi a ela, mas sorrindo
Me indicou de estar falando com o animal,
À medida que continuávamos a nossa
subida.

Percebendo do meu cansaço, ela me
permitiu, em ajuda, de agarrar o rabo do
animal, me consolando em certos doces
termos, de estarmos próximo.

Lá, com admiração, a espreitei cuidar das
plantas, enquanto brincava eu rolando no
árido e macio solo, perseguido borboletas,
gafanhotos e codornizes.

Mais tarde, partilhamos almoço, à sombra
duma arvore pendida pelo vento…após, a
mim falou sábios conselhos ao saborear do
seu cachimbo, repousando um pouco!

Mediu a sombra do sol por uma pequena
vara, declarou a hora por ser o meio-dia,
enquanto tentava expor a técnica à minha
pobre mente.

Ela aceitava a minha ajuda de menino
Agradecendo meus esforços, sempre um
sorriso no canto daqueles escuros lábios de
anjo...

Mais tarde, ela arrumou as coisas,
Me montou no burro, enquanto carregou
Uma pesada pilha de feno por cabeça,

Na longa jornada à humilde aldeia em baixo,
Conversando com todos os que nos
passavam, sobretudo para mim, e sempre
carinhosa e gentil!

De volta à casa, ainda fervia o café da tarde,
Acompanhado por postas de atum frito,
Ovos cozidos e pão de milho, ao apetite da
casa.

Ainda te vejo, Tai, sob a luz do morno luar,
sentada às bordas da cisterna perto das
cabras, no meio da fumaça do teu tabaco
caseiro, teu sorriso de paz sempre à esquina
dos teus pretos lábios, cabelos de ceda
flutuando ao ar livre, tuas cansadas mãos
abençoando-me sempre!
11/12/2012

Tristes reminiscências

Flutuando no ritmo soluçoso
Do meu punido coração,
Estão os tumultos perpétuos
Das minhas perdas, penitências tais,

Que, como escravo da minha negra
Alma, omito, pela vida carrego,
Condenado aos labirintos de negritude!
-Tanta dor, a minha vida tocou…

Meu perdido abrigo, espinhoso e sem amor,
Dos cristãos bem crentes mas sem piedade,
Cujos confessados corações rendem em divida
Da minha roubada infância, e da privação

De amor e carinho das quais fui vítima!
Prematuro, meu cordão umbilical cortaram
E, como um vagante, me desalojaram
Ao estranho mundo do mal!

Demónios que atormentaram minha
Vácua mente e sangrante coração,
Nas noites solitárias, negras e frias,
Tais as minhas perdições… minhas dores!

Fustigáveis melancolias que consumiam
Meu espírito, enquanto meus áridos olhos
Lágrimas lutavam premer, num fervor que
Me enrugava, e frio que me cremava!

Vozes ressoando meu inconsciente,
Dos cruéis maltratos do tempo, enquanto
Procurava piedade aos meus pecadores,
E buscava clareza ao meu escrúpulo abstrato!

Pawtucket, RI USA 07/15/2010

Virtudes e Tentações

A minha honestidade é virtude, que
Por vezes, o meu coração condena!
Mas, apesar dolorosos sacrifícios prestados,
É ainda o veículo mais forte
Que a minha alma conduz;
-Ela alimenta o meu senso de rectidão!

Estorvando pelas perplexidades da vida,
Paladar para o fácil e mal, minha alma tentam,
Enquanto a fé luta com as minhas doutrinas!
Triunfo, em proclamação própria,
Abstenho em reclamar, neste incerto
Mundo sensacional e teátrico!

Do ridículo me evito, embora distante de um estado sadio.
Rejeito hipocrisia ainda que curto do realismo absoluto!
Com tudo o que se mistura dentro dessa matriz, eu troco;
Como, bebo, toco, e, sob estado de cuidado, pertenço...
Votos eu fiz, para os quais, ações falhei!
Redações compus, cujos mandatos desobedeci,
Enquanto respirava e sorria a vida fora…!

Um tal dia, uma súbita capricharia barrou meu caminho
E então, fustigado por uma profunda fé e princípios,
Parei e me submeti; novamente voltei a ser honesto!
Duke 2013/01/26

Votos de Despedida!

Chamada de navio na aldeia sossegada,
Torna um sereno terral em agonia
Da Ilha, chorando em celebração
Do filho nômade cujo destino chegou!

Fusão de desejos em bênçãos com
Choros de enfático abismal dos idosos,
Perante os inocentes traumatizados;
-A predição que tocou o afortunado!

Perdido ao mar alto buscando horizontes,
A mente ainda submete o coração perdido,
As lágrimas se misturam à bruma oceânica,
Vendo a terra se tornar em miragem nublada!

Então coragem se converte em conforto,
Nostalgia se morre em prospectos,
Choros assemelham sorrisos, o quanto ele chorava;
-Medo se metamorfoseia em ânimo!

Pobre filho, agora se alimenta da inconsciência
Adequada a curtir os caminhos a vir,
Sem dor, arremediando-se em ficção,
Esnobando os seus votos de despedida…

Adeus, Mãe, adeus Terra Natal...!
Benvindo, novo estranho chão,
Implantando em nós, novas domesticações! (07/01/2009)

Vozes caladas **da Diáspora**

Embaçadas costas das nossas Ilhas
Distantes, hoje em miragem se tornam…
Memórias da terra-mãe, um sonho…

Filhos do mar, perdidos no horizonte,
Isto somos nós, os vagantes da vida!

Canastros sonhosos se aventuram,
Enjeitando em amargura os corações,
Nutrindo amores das vidas desgarradas…

Fragmentos de sonhos penosos, acabam por
Se desvanecer em remotos chãos estranhos!

Mães perecem-se em vão esperando, enquanto os
Filhos, seus sonhos em tempo se extinguem,
Seus corações novos destinos se assumem!

Vozes ressoando nas nossas subconsciências,
Aquando cumprimos o destino mandato,
Lutando em fé de que, como bons filhos

Havíamos de voltar a ouvir as suas suaves
Vozes maternas antes que nos apartam!

Mas de momento e em triste, nos reduzimos
Apenas a vozes caladas da sofrida Diáspora…!

Johnston, RI, USA
05/23/2009

<u>*Defeituosa*</u> *percepção humana!*

Exposto à chuva torrencial, alguém
Em desgosto miseravelmente cai
Perante o ambiente e a Natureza…

Contrariamente feliz sob o calor
Dos raios solares, esquece-se do primeiro
Como se este último nunca fim tivesse!

Por falta de uma objectividade ampla, clara
E relativa ao realismo próprio em racionamento,
Suscetível então o homem torna, adepto a erradas

Percepções, expectativas e conclusões.
Dominado por sentimentos de negatividade
Ou tendenciosos, Ele ara mas um cego

Ao florescimento de suas perspectivas.
Por exemplo: -incapaz de reajustar suas opiniões
E sensações em harmonia ao imóvel realismo,

Impotentemente e em vão sofria ele,
Perante uma luta contra algo fora do seu alcance ou
Controlo, enquanto perdendo aproveito do que estivesse!

Pobre preparação mental acordando realidades
Suas entrelaçadas funções, seria responsável
À maioria dos sofrimentos psicológicos humanos!

Tendência à uma vida retrospectiva e nostálgica
Cegava-o do presente, barrando os prospectos ao futuro…
Inteligência podia se tornar num pior e grave inimigo nosso!
<u>*Veja que seriamos nós o último mamífero a deixar da leite?*</u>!

A LUZ DA VERDADE

Oh, quão não dificilmente
do nosso mais aparente querido, faria então
O mal seu emblema padrão ou amado perfil!
A saber: a quem o prémio humano concedíamos,
a fortuna em o amar era, for consequência, perdida.

Tão raramente falhava a sedutora
Aura em me comover, ao qual um
Irmão como herói caísse, pois suas seguidas
ações eram traídas for contrárias intenções.

Suavemente eram as palavras faladas,
como sendo às raízes bem verdadeiras.
Em plena flor de um coração em alegria brote-as,
revestidos de bondade e admiração… tão sólidos eram.

Oh, quão cruel é aquela luz do sol moral
que cai em rosto e tom a os clarear…
quão terrível é essa verdade, aquando livre de adornos saborosos!
Quão desanimadora é essa prova do real e da verdade pura!

Duke, Prudence Island, Summer 2009.

A minha prece

Seja um cínico como
Eu, concedido uma súplica
Devotada e destinada a

Um acto de bem comum, ora
Abençoaria a Inocência
A salvá-la do mal do homem;

Em nobres ações
Preocupar a juventude,
Seu vigor e fogo apaziguar…

Novos pais aconselhar,
Iluminar seus caminhos,
Enriquecer seus raciocínios.

Fortificaria os
Na idade média
Contra lapsos tentadores,

O velho animar,
Prolongar a saúde,
Acalmar a solidão!

Para todos
Fornecer o essencial
Para uma vida plena,

A sociedade paz e prosperidade,
Governos, humanismo, sabedoria,
E sagrado senso a um propósito comum.

Para isto tudo rezaria eu, apesar da
Minha incredulidade em divindades,
Que meu ateísmo não me cega o coração! [02/2002]

A Negritude minha

Para mim é derramado
Suas piores maldições,
Agitando os pontos de apoio da
Minha alma injustiçada com tais
Actos malignos de corações mal-intencionados!

Minha negritude, por meu Deus concedido
Como sendo meu valor humano dum Negro,
Também desdenham eles sem sentimento…
Eles desconhecem minhas potências de homem!

Vendo-me através de suas indiferenças,
Ou ignorando minha presença sem sentido!
Com um prazer supremacista do seu
Palidez tirana, injustamente condenado estou!

Me queimar à cruz como fruto feitiço do mal,
Atirando a mim inocentemente no altar de oração,
Suspeitando de mim à entrada do meu próprio abrigo!
Querendo novamente me linchar como celebração pública!

Você deveria perdoar minha sombra do orvalho da natureza?
Bem-recebido meus afortunados dons de talento, meu carisma?
Desculpe minha mente de boa vontade e misericórdia!

Minha alma negra e limpa pede que eu te abrace,
Meu grande coração, resistido, convida você a entrar em paz,
Só derrotava a maldade o amor, e não há diferença entre a espécie humana!

Eu imploro que você aceite minha negritude como eu aceito sua brancura!

Abençoado Negro

Abençoado Negro
Dentes de marfim brilha,
Firme, fraterno aperto de mão oferece.

Nasceu com talento na sua inteligência,
Ritmo nas pulsantes veias
E calor no imenso coração,

O negro usa linguagem
A magnetizar amizade,
Exibindo forte personalidade
Convidando unidade humana.

Ele caminha em passos largos
Dos ritmos de suas danças;
Seus gestos acompanham
O calor das suas gentis palavras!

Sofrimentos, seus talentos ampliam
Em renovados limites crescentes,
Sua música e desportos,
Em inveja, o inteiro mundo atrai.

Sua vida é bem ampla,
Além de seus escarços meios,
Superando os limites estabelecidos em ele
Por seus sombrios repressores do passado!

Alfa e Ômega/Gênesis e Fim

Desvio ou desinteresse, anos atrás
Minhas ações pausaram em elaboração de poemas,
Ao bem de indagações e reflexões de natureza filosófica.

Queria aqui me abrir em franco: -nunca me cativou ser
Um poeta, que nunca seria, embora parte de mim assim me puxou!
A minha maior paixão sempre vive em algo menos complicado: -***filosofia***!

Neste último, meu alcance preso caiu,
Estagnado entre firmezas e dúvidas
Nas análises da minha fustigadora mente.

Agora concluo ser o fim da verdade a todos proscrito;
O saber é sempre desafiado por perguntas,
Dúvidas alimentadas por novas esperanças de descoberta.

Saber, é saber o que para ele era desconhecido,
Aprender é aceitar ser ignorante,
Sucesso é lutar no fracasso, na esperança de se superar.

Pois nada é indubitavelmente conhecido por homem,
Nem o apogeu é conquistado senão através de origens humildes,
Alturas alcançadas, mas através de passos agonizantes em tal desejo…

Para vencer os inimigos, há que se submeter a conhecê-los,
Para superar o fracasso, primeiro teríamos integralmente de entendê-lo,
Para acumular riqueza, primeiro se tornar frugal e respeitoso da pobreza…

Para se aproximar do certo, primeiro admitir o erro, e do mesmo aprender…
Então te deixo decepcionado, pois conheço não o começo, nem o fim…
Posso inquerir e opinar, jamais tendo tais conclusivas asseverações!

Amor e Decepção

Atraso, apatia, ausência
De sentimentos no coração,
As vezes são substituídos
Por artifícios quixotescos,
Subducção, licenciosidade,
Ou um simples acordo a remediar a culpa.

Alguns assim desempenham
Um tal papel ao prazer de
Demandas sociais,
Outros conveniência,
Muitos como psicológicos
Escravos da miséria própria!

Nos céus do romance,
O mal raramente era escasso;
-Corações cínicos são decretados
Por adornadas mentes e criadas ações!
Imagem suja e rota aparecia impecável
Aos olhos desejosos dum enamorado Ser!

Saudosos desenvergonhados rostos,
Palavras açucaradas de frágil intenção
Embora actos seriam divergentes em conflito!
Por infidelidade e traição
Sonhos são destruídos,
Amores perdidos nas ansiosas alvoradas do romance!

Por si só, o coração razões tem, dos quais raciocínio
Nem conhecimento ou compreensão retinha
Para censura… assim, liberto permanece o tal, aceso por esperança!

AMOR PROIBIDO

Um mero vibrar da pálpebra,
Um premer de lábios ao vento,
Falso sorriso… ao menos um cenho!

Palavras caladas em amorosos beiços,
Ao bem deste amor em capricho.
Um aceno em sinal, em mesura!

Sei que falam em soluços os corações,
Turvos olhos nossos se consonam,
A cognição comum acorda e liga…

Mas tais frágeis almas ainda morrem perante
Seus invividos desejos, as fés inumadas ao bem
Da esperança à uma vida no submundo…!
[2009]

Anjos / Demónios
→   ←

Ao nascer de hoje-em-dia, piedade
E misericórdia raramente caem
Em corações de melhores homens!

Conflito e malevolência,
Enfermas mentes do mal
Sempre tendem alimentar.

Intuição de fé, abstrata
Tanta ilusória pureza e
Esplendor em formas mortais!

Realismo tangível ainda lança
Questionável sombra esfumaçada
À mente do homem inquirindo!

Alienígenas Anjos que imagino eu,
Rendem em derrota à minha ansiedade,
Faltando inteligível e palpável prova;

Demônio de aguçado espírito,
Em fraqueza pessoal me conquista,
Enquanto alimentando minhas frágeis emoções!

Anjos e Demónios, ambos são uma e a mesma coisa:
-nós, aguardando nossos próximos actos!

Ardor de mansa fala

Mais macia que as nuvens,
Em doce e calmo silêncio fala,
Palavras de amor, revestidas de
Versões ardentes, sensuais e excitantes!

Doce versos ardendo em desejos,
A derreter o coração …
Lentamente ventile-os
Pelos teus trêmulos lábios!

Só fale por gentis estimulantes
Toques, só te tens por finais
Sentidos de afecto, pense por
Teu espírito em perplexidade…

Beba das gotas exóticas
Rolando entre meus seios,
Compartilhando-os avidamente
Com os meus famintos lábios,
Aperte minha transpirada
Cintura e me torna para ti!

Que demónicos desejos nos levam
Aos infernos paraísos de júbilo!
Sorrindo dentro da nossa raiva,
Satisfeito em nossas lutas!

Explodiremos em paz e alegria
De êxtase, em fechadas abertas mentes! Depois,
Relaxando, corações acelerados, pulmões ofegantes,
Distraído em alívio satisfatório,
Profundamente perdidos na alegria celestial…

Deitados então em total silêncio...
Nada um ao outro se diz, em nada se pensa...
Simplesmente tocamo-nos, sorrimos e respiramos...

As *desilusões* da vida

Como um inocente nascia eu,
À um casto mundo de anjos.
Raciocinar aprendia, num humilde,

Pobre e feliz ambiente. Mas ao ponderar,
Me dói a sabedoria. E me desanima,
Ao expor duma verdade que preferia anular!

Caras, palavras e ações admitem de um receio…
Tão bem contrário era então, quando a gente era diferente;
-Pois menos malícia o mundo danava.

Hoje, tudo isso uma triste sombra lança em minha fé…
Minha vida! alguém jamais precisa motivo,
Pois conflitos são deles inerente, e por dentro, alimentável!

Têm eles razões que a razão não consegue raciocinar…
Nada passa de uma ilusão… são tais as minhas desilusões!

O cantar da andorinha

Nesta inquieta e maléfica diáspora,
Dentro de mim um filho vive,
apartado do pontão na terra-mãe!

Um segredado pensar,
Um enigmático inquieto,
Imagens que, como constante,

Surfam minha infame mente:
-Motivo do meu abandono, caras da boa gente!
Ainda ontem, as andorinhas em alto mar

Esvoaçando a turquesa atlântica
Contígua às nostálgicas ilhas de paz,
Entoaram-me melancólicos versos incitando às lágrimas,

Enquanto timidamente inclinávamos a turbulência
De mares sem fim, aos mesmos rumos e manobras
Dos nossos ancestrais falecidos bravos marinheiros!

Refugiando-me numa terra estrangeira de esperança, hoje
Estabeleça-se na busca predestinada de um sonho,
O mesmo qual um antes irmão falhou...

Pois agora devo perceber esta cativante
Fantasia a ele uma vez proibida, ao sonhar contente
Sem alcançar, ouvir sem entender,
Um buscar constante sem nunca encontrar!

Tais andorinhas do alto mar, para mim
Uma mensagem valiosa tinham, embora não os entendi!

Converter-me-ei, não…

Respeitado, após detestado,
Condenado pelo bem no interior
ameaçando muito ao mundo:
-Solitário antiquado, visando uma retidão! -

Por actos ingratos de impedimento dos homens,
Meu coração diariamente é recontado
Da perda de que se torna vítima!

A vida sempre dura,
Prazeres nunca conquistadas
Na obscuridade de rostos radiantes:
-Soalheiro angélico de demoníacas trovoadas! -

Agradeço os dias e rezo para um futuro
Que chovesse nas boas sementes homanas
À uma nova nascença em melhores almas à Terra!

A minha aos Deuses do bem se rende,
Em apelo pela redenção do homem,
a um mundo sem desespero…

Deixe que as ovelhas sejam pastoreadas em grupo obediente,
Pois não posso me converter para tal miséria me igualar!
Há quem diz o cobarde de se escapar prisão e morte;

Isto acho eu plausível e útil, pois já sabia que o valente idiota
Encarou a espingarda e morreu a prová-lo de parvo.
Mas há que se reconhecer, ao benefício da dignidade, o valor próprio!

Pois também, não gostasse que me
Confundissem com um cão, embora ter
Ele melhor espírito e poderes em intuitos!

CRIAÇÃO FIGURATIVA...

Esta imagem tua,
cujo encanto ao sabor
da minha alma se revela,

Será que só para mim existe...?
Pois podia haver nenhum
Outro nesta solitária baía!

Mesmo assim, brilhando te levantas
às pupilas dos meus desejos,
melhores afectos do meu coração!

Decerto que jamais existirias
Apartada da minha consciência,
A tal criadora do teu elitismo...?!

Pois, uma vez da mesma cisada,
Meu desejo que cativa tua imagem
Como sonho rendia, já, tal morria...

-e, naturalmente, também tu...!

Mas eu, por enquanto, e ao meu console,
Felicidade e premonição, tua aparição
Imaginava numa profunda noção de amor!
=Lake George, NY -Verão 2010-=

CULPA: - "Mulheres do nosso abandono!" -

Tantas faces de lesadas damas, divirtam-se
Em sorrisos tortuosos, para que em seus
Sentidos corações a velha tristeza se animassem!

Tantas boas mulheres entre nós,
De tão poucas boas ações nossas…
Almas em perigo, belezas traídas, seriam Elas!

Elas, que contra cicatrizes próprias, lutam
Superar maltratos dos homens, da ingrata vida,
Cuidando de muitos, sem um devido apreço!

As mesmas que vexamos, mas com graças
Ainda nos perdoavam, abrigando famílias,
Galantemente ajudando o mundo todo!

Depreciadas e degradadas, ainda
Como genuínas heroínas vêm ao nosso socorro,
Ignorando grande parte das suas dores!

Neste urrando mundo do mal,
Suas benevolências ainda superam
Todas as feridas e enganos dos homens!

…Estas boas mulheres do nosso culpado rejeito!!!

De cada, a todos / *de certos, um sofrer!*

Cada sorriso sem candura,
Cada gesto ocultando **traição**,
Cada palavra **ilusória às** intenções,
Cada **boa** ação manipulando uma maldade…!

Todos os esplendores escondendo as trevas,
Todas as promessas que se cedem vazias,
Todos **os abraços visados a ferir corações**,
Todos os apertos de mão **conducentes à guerra**…!

Dos homens de malícia e crueldade,
De vocês de corações sombrios,
D'eles de maneiras indiferentes,
Dos muitos outros de más intenções…!

Para mim de estado sem regalia,
Para você de **cor inferior no** espectro,
Para nós **de cultivadas** inferioridades,
Para mais nós, de impróprios **perfis**…!

Cada dia sob **os** mesmos divinos **Sol e Lua,**
Todos os pecados de impiedade à lamentáveis inocentes,
Dos corações estranhos **de** tortuosas faces,
Para as pobres almas impedidas, que se rendem em causa!

Decisões => => destino!

Ao viver, desligado ao desejo se merece um!
Baseado não em desejos próprios,
Mas, sim, em cultivado mérito ultimato!

Alcança um, não fruto de sonhados desejos,
Mas um resultado destes, aquando acoplados
Às ações apostas aos mesmos fins, salvo um desfortúnio!

Desilusão sempre escolta o falhanço,
O qual a pesada culpa carregava!
Estes, posteriormente se aliavam
Às perdas e consequente implicações,
Enlutando-se em sensações de desespero e tormento!

Quando à janela do décimo andar nos passava atirado
Da do vinte à sua morte, um criminoso em flagrante delito,
Embora triste, moralmente o avisávamos de ainda nada
Tiver acontecido: -que esperasse chegar ao solo em baixo!

Impaciente, aguardava o futuro chegada
Dos dilatórios ao seu alcance,
Os quais o passado tende de recapturar
E escravizar, como vítimas tendentes à fracasso perpétuo!

Para errar, um minuto só custava;
Ao tentar corrigi-lo, a vida inteira…!
Melhor convinha evitar tal incúria, do que
Em vão everter tudo, buscando uma só improvável correção.

Decisões, apetitosas são ao gosto emocional!
Elevavam o nosso senso de poder e comando;
-Um alívio das tensões, desejável alimento ao ego…
Mas, como inescapável embargo, são castigadas
Pela susceptibilidade dos seus resultados
E o destino resultante de tais movimentos,
-um ultimato restando ao autor, o evocador das mesmas decisões!
      Consequentemente, **D**ecisões Determinam o **D**estino!   *[2004]*

Oculta *bastilha…*

Atrás da janela abstrata do meu recanto,
Activo-mas-quieto sento eu, longe do seu mundo,
Do qual ainda parado, sempre aflito corria!

Resquícios da vida aos meus limites concedidos,
Visando o renascimento de velhos sentimentos
Que na minha saudade em triste necessidades se alimente…

Minha alma se alia à prodigalidade da sua
Primavera própria, ostentando um afecto consciente
Aos estímulos, dos quais em agonia choro… mas gostam eles.

Lágrimas, então caem em criptografadas palavras
Violetas dos meus melancólicos versos…
Sozinho, sento-me após a vigia da minha bastilha!

Então, castigado a refletir persistia,
Considerando as feridas na minha alma…
- Imagens penosas em minha aguentada mente!

Esta janela então reduzia a ardente vivacidade
E incessante triviais actos deles na cena,
À uma pequena cota da minha presunção…

A minha débil-mas-curiosa visão e turva razão,
Por suas vezes, os aumentavam em visual quantitativa
E percepção qualitativa de imensas proporções,

Rendendo-os assim, além de ambas compreensões,
Faculdades, ou o abraçar de mútuas habilidades…
Eu sozinho, insignificante, isolado e vazio, me sento entre vós,

Escondido por este reduzido quadro de imunidade filosófico/poética,
Fora da vossa percepção ou campo visual… sempre incógnito e simples,
Em que resoluto descrever suas menos celebradas características…

Preciosa obra-prima

Que minha força moral
Pela sabedoria guardada, prevalece
Sobre minhas frágeis tendências de homem,

Aquando vagamente me escorrego
Ao longo dessas estradas desequilibradas
De uma vida sob tumulto errático.

Às vezes, sinto como se
Estivesse em controlo próprio
Do meu sonhado destino;

Em outras, enquanto flutuando
Nas turbulências dum escuro mar,
Muito luto para me suster.

Gente que a mim descendem,
de semelhantes sintomas parecem,
Meus braços sem envergadura e vigor...

Fecundos sonhos de aliança
Tragam desejos de convívio...
Após, adoecem de inaptidão, morrendo
em animosidade ou arrependimento!

Oh, tal pintura à distância,
Sempre conservada, perfeita e desejada!
Melhor seja ela em sonhos e desejosos,
Do que na abordagem apressada das emoções!

Ditai, *meu velho amigo de sempre!*

À minha tradicional mesura me abençoava ele, enquanto
Amaldiçoava meus desejos de jovem, em sabedoria me
Concedendo, enquanto do mal pecuniário me alertando!

Espírito humano nenhum, imitaria meu querido velho amigo!
Era Ele o epítome de sabedoria e bondade, a alma pura na minha
Vida de sempre, a luz moral que me sustenta nestes escuros!

Calmo, genuinamente dedicado a amar e aconselhar, mas nunca aberto a
Comprometer seus princípios. A tal calma voz, sonante, cortada e tremida,
Era para mim linda canção aos desesperos de um adolescente perdido espírito!

Jamais desde então, ganhava eu amizade com uma alma tão gentil!
Ele comandaria elevada continência a um alto pedestal de amigo,
Embora seu ar gentil e humilde nunca o admitia a o solicitar.

Em ele e a sua pura, rica alma, toda a minha crença vinha eu confiar,
Embora, então, o quebra-cabeça da minha mente tenha se tornado
Em conflito com meu coração, enquanto lutava contra reclamações!

Pois, tal canção uma vez ouvida, projecto contrário proclamou,
Minhas necessidades, à mesma acordavam, desejos então concluindo:
-Meu velho amigo me falhou, infelizmente assim, em erro, me concluí!

Ao som do dinheiro acordei-me, em terras distantes e malinhas
Tantas luas após, seu bendito espírito ao meu lado perguntando:
-Agora, filho, melhor te entendes do meu ditado? *-Ipso facto*!

Para quotidianamente viver, alimentava e respirava um homem.
Para se tornar apreciável ou eterno, teria ele de viver uma vida
Valendo lembrar até aos insignificantes ingratos que ainda vivem!

Como os inatos sábios e filósofos da velha Grécia, rica em sabedoria,
O Nhó Ditai é um eco em tempos passados, mas jamais perdido.
Me companha ele, conduzindo minha jornada, seus bons conselhos
Ajudam a iluminar meus raios de sabedoria… meu bem e ser...

Epistemologia: -Dúvidas...

Tomo como base às minhas crenças,
as primordiais e sólidas certezas que
demonstrassem a não me dirigir à erro.

Mas quando érro encontrasse em matéria
previamente analisada e inteligivelmente
assente perante a minha percepção intelectual,

tendo a não totalmente abandonar
a crença causa do meu engano;
-ao invés, tento, ad rem,

de a acordar o devido sentido, que não injustamente
rendesse abertamente falsa. Pois, temos
de os iluminar com a luz da lanterna do

Diógenes e a estimável sabedoria de Sócrates!
Me parece, quando pensarmos
ter encontrado um honesto homem,

de, talvez, apenas sermos burlados
por uma variedade causal,
sendo isso apenas uma pessoal invenção
Espiritual, ou uma reflexão da
nossa própria fé, cujas falsa fonte
seria o carácter-foco no nosso próximo.

Até a placa fotográfica
podia confundir e
ficar equivocada por tal acto.

Consequentemente, me cresço
em lamento e desconfiança
ao objectivo significado das

minhas tais prévias percepções!
aparentemente, amor até escondia
maldade, tal como maldade ao amor,
ainda assim, como a gentileza perante
as intenções reais do peito.

Possivelmente me sinto envergonhado
em relação a certos anteriores gostos meus! [2011]

Em tal lugar, *tua antipatia preferia eu!*

No lugar destes frágeis gestos
A um afecto familiar, tua antipatia preferia…
Nada duma gentileza vacilante, fingida
Pelo espasmo de entre ombros ou disfarçado cinismo!

Hei de ignorar o teu maltrato, obedecer teus direitos
Supremos de às armas defender teu ponto de solo,
Permanecer-me longe dos teus limites de prestígio…

Agradeço este mínimo a que me achasse adequado,
Embora, sem coração, me vejas dum humano mérito tão baixo!
Dê-me teu impiedoso desdém, mas em dobro:
-Um para mim, e um outro para um irmão meu, bem parecido-

Mas, reconsiderando, aliás tua tal pretendida
Amizade ainda aceitaria, afinal...
Mas que para mim seja bem vago e perecível,
Que assim, também, com facilidade, de novo o perdia!

Pois eu o perderia também em dobro:
-Uma perca a mim, e uma outra por ti! -
Tão incerto como o tal autor, seria eu em retorna…
Só que, para mim, prefiro perdê-la na esperança do que em memória!

Sob o mesmo Sol e a Lua, juntamente palpando
Este solo comum por Deus ofertado,
Dias habituais esquecem do marginalizado despossuído!

Mas, ainda assim, aquilo a ele falsificado,
Geralmente nada era!
Nada além de uma parca promessa no escuro…
Portanto nada perderia eu em troca; é parte do quotidiano costume!

Espíritos dos meus defuntos irmãos

-Manuel e Reinando-

Persistidas épocas, meu coração calmariam,
Que até perfurantes velhas memórias,
Aos poucos, em tempo, se anestesiam;
-Só devo agora sentir uma autoinstituída triste crença!

Prematuramente me roubando deles, a morte,
Jamais então podia me conter!
Às secas lágrimas dos idosos pais, meu coração entregava…
Sonho com um escuro passado que é tão real, e tão doce!

-Modesto e verídico sei que é, apesar da desejada negação…
Disfunção que mostra ser o nosso passado,
Em desconto às nossas graças, faço eu.
Mesmo assim, ainda dores meu coração mortificam…

Suas mortas vidas de jovens, ambos sonhos destruindo!
Uma vez cálidos sonhos deles, agora como meus os tento!
Minhas esperanças em persistidas orações, com eles enterradas!

Após vividas contradições, a vida era curta, incompleta e ingrata!
A morte, além de traidora, uma indefensível e perpétua sanção!
Sepultados, roubados de espaço e tempo… então frio e sem som!

Melancólicas imagens de um ingrato passado,
Cujo futuro ao abismo os acompanhou… para sempre me desertando!
Este meu penoso coração que eles jamais vê, mas, sim, sempre sente!

Sangrantes pensamentos fraternos de vidas
Iludidas mas não vividas! perdidos sem vestígios ou
Traços, a uns confins de perpétua abstrata captura são eles meus irmãos!

Esquecer-te-ei, <u>jamais!</u>

Como poderia eu me tornar o
Objecto de rejeição, abandonado
Na desamada triste área do
Teu obscuro espectro visual…!?

Solitário, apenas subsisto nas
Frágeis asas duma prece e tristes
Lamentes, meio da minha desgraça,
Na esperança de um milagre…

Acalmando meus nebulosos sonhos,
Este sentimento de espera ainda
Meu conforto alimenta, mesmo que
Em sacrilégio dos desejos próprios!

Tangivelmente em vão te procuro,
Em sonho amplamente mimado era,

A magia do seu toque...
….pois de ti não me esqueço!

Esta dor!

Esta fúnebre dor, que
No abismo do meu **ferido**
Coração, sucumbido vive…

Tristes memórias que corroem
As suas bordas e denigrem
O eixo da minha memória,

Geradas das mortas esperanças,
Destruídos sonhos
E amores concedidos…

-As ingratidões mundanas
Dos cruéis e prejudiciais
Actos do mal da gente,

Que a mim, me deixaram
Desolado e perdido;
-O meu ser, resignando!

Estas tenebrosas
Emoções de angústia
Sobre conflitos inconclusos,

O mal-estar da minha paz,
O vazio no meu peito,
E as trevas da minha alma…

-Esta profunda dor que me consome!

Johnston, RI EUA 2005/08/03, 06:03 ET

Este caminho meu!

Admiração em noção nostálgica,
Miragem Imaculada à distância,
Aprazível sejam em pequenas doses…
-Esta, Para mim, é a ilusão de alguns!

Um Vazio no meu solitário coração,
Perplexidade na lastimosa mente
Todavia… premonição na minha alma,
Dos amores a conquistar e depois perder...

Nesta vida de mítica liberdade que transo eu,
Resistindo a inexorável manipulação social,
Ao frágil prazer do meu livre-arbítrio,
Destinado a uma realização passageira,

Embora retirado dentro do meu vínculo,
Chorando sob meus escassos sorrisos,
Laborando em meio das minhas destruições,
E ocupando o meu próprio em dores de falhanço!

Este peso que clandestinamente
Exorto aliviar em outros, neste
Pretensioso círculo de amizade...

Esta espinhosa estrada, viagem
Cuja facilidade almejo
Delegar na escolta de um traído! [2007]

Calçadas *da Pé da Rocha*

Sexta à tarde ao um sol morrido,
A comoção um pouco se crescia na aldeia.
Para um jogo de futebol, cerramos a estrada,
Na outra passavam então pastores, gente, carros e burros.
O Lilim já tinha colocado o alto falante à janela
Tocando músicas de Roberto Carlos e Lindomar,

O Nhó Josezinho e Manelinho acima da parede
Jogando ouril à frente do Mocho, Colorau e Doutor.
O Ideal ainda terminava polir suas mobílias, enquanto mãe
Tchitchi preparava a ceia, a Djudja e Elisa cosendo e bordeando.
O Cocote, doce em AGT, ignorava dores das solas dos pés
Dos maltratos de São Tomé, dançando samba à frente da Loja do Djédji.
O Luis da Idília e Cabrito amanhavam o trotinete, irmão Tapiz, também
já doce, ia pedir casamento à Tila do Djedji. Simbólicos alegres gritos do Nhó Raul Da Irene
vinham de por dentro da loja,

Tibé e Arze cego, e ao lado deles o Djiquina e Simão polícia comentando
Política, gramática e lei. Simão, no seu Santiagado Português proclama: "se o carro não tivesse
bons travões, lá do alto nos capríamos". O Nho Tchótchó, ao canto saboreando seu ponche em
sorriso.
O Mateus da Cruz, sempre um diplomata, recusa dizer quanto pagou pelo porco, sem
nunca confessar das não devolvidas encomendas de Dakar. Só se lembrava do
anunciar do barco: -Mateus da Cruz: -mar! Enquanto o SR João da Velma ao longe
se ouvia outra vez zangado contra o Tútú:- gato fardão, diristinca, maiola…etc.

O José de Nuca ninguém atrevia cruzar, devido os perigos a punhos.
Cristo, e o Hilário "disco" da Colum de pulsos marrados, juntos ao João irmão e o duque padeiro,
Lamentavam do passado, acompanhados daquele groguinho! O disco, então saturado do Cristo o
disse: "tu não és cristo do céu; se não me pagares o que me deves, vou te partir, ó aldrabão".

Que vida boa! rica, calma e unida! Que cruel inveja agora nos causa…
O suave bater da carpintaria dos irmãos couto, gritos alegres de meninos jogando,
Sorrisos doces do Nhó Raul!...o *Cocote sempre dançando nas calçadas da Pé da Rocha!*

Fecundos Pensamentos!

Quando tua imagem vislumbro,
Praga do meu coração se torna,
Dos culpados gozos nos meus desejos!

Minha alegria em pecado se evolui,
Sobre os sentimentos errantes
Que no meu coração reine!

A tua pele de seda e lábios cativantes,
Conjugados pela aparência destes
Sedutores olhos celestiais,

Tentam-me por debaixo da
Flora do seu cabelo de cetim,
Sob o brilho dos radiosos sorrisos!

Tão suave e terno falas
De coisas que meus
Bons pensamentos enriquecem,

Mas nelas ainda me lembras
Do obstáculo que nossos sentimentos
Proíbe, meus desejos curtam!

Deito à noite a cabeça, esperando
Tua imagem me poupar
O sofrimento desta doce paixão,

Apenas para em convulsões frias acordar
Em pensamentos que não há corrente a conter…

Tua fantasia que em mim não morre!

Flores, Momentos e **AMOR**

Se as *flores* pudessem falar,
das verdades do meu amor
Te revelariam!

Se *momentos* pudessem mais
Durar, do meu terno coração
Eternizariam!

Se o **AMOR** tivesse forma,
Como da vida, sempre
Em esplendor glorificava...

Se convencessem
As flores nos amantes
Tais doce mensagens,

Tantos romances
Havíamos hoje de
Apreciar e abençoar!

Fonte de valores

Nasci e vim de solos humildes,
A rara boa essência humana,
Pobre em bagagem, rico em coração.

N'outro me cheguei, outrora reivindicado
Pelos Anglo-saxão, Quaker, Europid,…
Sobretudo Yankees, como terra prometida.

O Roger Williams até encontrou
Providência… As reviravoltas
Do tempo, habituam

O surpreendente desenrolar da vida,
Que para mim trouxeram muito
A suportar em estranho novo mundo.

Espíritos da sabedoria passada
Floresçam meu conceptual
Jardim da miserável fortaleza,

Enquanto lutava as guerras
A mim em ameaças, desafiadas!
Lentamente, meu estoque da rosa

É exausto à espinhos apenas…
Tive então de me adaptar
A um novo conceito temporal!

Este rebelião prima interior
De princípios inabaláveis,
Uma identidade esculpida no núcleo,

Que mais forte resiste
Que todos os tangíveis
Poderes da força moderna,

Me manteve cativo, privado
Dos prazeres nas delícias açucaradas
Do tal capitalismo emprestado!

Este Deus da minha escravizada alma,
Contra demônios do meu corpo atentado
E mentais desejos formulados me resgata…

Abençoada seja a fraca susta luz
Da minha fonte de valores, iluminando
Os céus do meu permeável raciocínio! *[2011]*

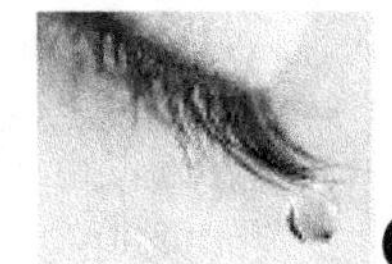# Gotas de orvalho
em choradas violetas!

Orvalho da penosa mística noite
Em tristes e choradas violetas…
-Gotas de lágrima à nebulosa
manhã de um morto mundo!

Nada era tão melancólico
E final como a própria morte;
Nenhuma penitência da vida
Imitava a aflita sangrante

Escuridão deixada no abismo
Padecido dum coração enlutado!
Terra e Céu, de repente
Apenas se tornam numa
Só lamentável e profunda dor!

Choramos um luto partilhado,
Brilhantes tons adoecem em
Roxo e morrem de preto…
Risos se tornam choros,
Alegrias desmancham-se em lamento!

Memórias agridoces
Caem em fictícios sorrisos
De pálidas faces angustiadas de
Sentimento, enquanto tentávamos
Alegrar um memorável passado!

Defunto sem vestígios era ele,
Embora, -como culpa- ressuscitado
No coração dos seus ingratos na vida!

Que Haja luz

Para todos os fechados vivos olhos,
Todos filhos sufocados em escuridão,
Todas as íris que anseiam visão,
Que haja luz!

Filhos escapando tenebrosas distante costas,
Olhos turvos da criança negra,
Cujo privilégio de um triste mártir
Amanhece buscando um simples vislumbre!

Que esta luz brilhe em milhões
Poder de vela, iluminando
Esperanças, ideias, justiça e caminhos…
Que haja luz para os filhos marginalizados na
Sombra do espectro vindo do injusto prisma social!

Que brilhe em alimento e necessidades da vida,
Benefícios jamais ausentes na terra prometida;
Como laser, transmita-a através de rochas e aço,
Unindo-nos desde os majestoso verdes campos
Até a paisagem de poderosas cidades conglomeradas.

A um igual brilho urbano como suburbano, ***haja luz.***
Aos olhos de todos homens para um igualitário uso!
Mansões brilhantes, também bairros e guetos iluminados;
Escuridão, que não exista... pessoas vagando, não mais!

Luz que lança vista aos ricos deuses de coração sombrio,
Que também jamais pudessem ser autoinstituídos míopes,
Nem limitados em sua sensação visual em compaixão!

Luz a dar vida aos úteis ulteriores acordos da aurora,
Enterrando as vãs anteriores promessas do escuro…!

Luz nos olhos, mentes e corações,
Nas faces jubilantes e nas ações de caridade,
Que todos homens, dando as mãos, juntos emergem das trevas!

Imagem minha / ***desejo teu***

Esta tal imagem de mim,
Que no teu desejo vive, é o que
Ainda em vão busco a ser!
De me tornar em reflexão crescente

Dos bons sonhos que,
Como nuvens chuvosas, suavemente
Flutuem no anseio da tua
Consciência: -ser uma alegoria fiel

Dos teus desejos sinceros,
Emissário de um bom coração...
Não seja eu, aquele que a eles
Traísse, nem aos seus Divos desafiar…

Nem por dentro jamais escurecer-me!
Que eu seja brilhante como teu sol
Quando ria pensando num céu acolhido,
Assim quando se alegra a minha alma…

Vamos nos enfrentar e irradiar
Sorrisos genuínos, acoplados
A palavras das nossas profundezas…?
Imagem minha, livre de dúvidas,

Enriquecido de esperança e credo,
Sem medo de magoar ou enganar…
Em você vendo nada além de beleza,
Desejando nada além de amor para ambos!

Mas esta visão de mim, tua, só podia
Sobreviver à luz do dia, brotada
De justiça, bipolar em sua natureza…
-Eu só existiria como fruto ao teu carinho!

Infrutíferas palavras

Inatas entredúvidas
Meu coração perturbam,

Ações defeituosas
O vigor das almas aleijam,

Malícia cultivada, nosso
Amor à distância escondia,

Cruel incessante tempo
Nossas chances diminuem!

Em relação às nossas
Inestimáveis relações,

Antecedentes bardos
Em versos, tanto choraram…

-Daí, as minhas palavras
Descabidas seriam!   [2005]

Ingratidão

Memoráveis lições de infância,
Meu inocente coração, de erro proibiu,
Enquanto do mal dos homens menção omitiu!

Assim, iliterato à causa do logro de Deus,
Ao risco de seus filhos permaneço eu,
Em dias sombrios de coração queixoso!

Nesta vida em tempos tumultuados,
Núcleos demoníacos alegres riam,
Os mesmos cujas ações obscureciam; e me doi!

À incompassivos camaleões da vida,
Minha fé em mandíbulas de feras perco,
Enquanto minha alma época sombria aguentava!

As eternas bênçãos da mãe não me poupam
Dos males do mundo e desenhos dos homens…
Todos os deuses e céus eles derrotam; e sofro eu!

Sorrisos floridos cospem doces promessas
Que empalidecem ao turvo, apodrecido caem.
Disfarces minha inocência atraem à inferno em chamas!

Intenções dum companheiro não podiam através das
Suas naturais transmissões serem percebidas,
Tão pouco endossadas pelo seu sócio!

Bocas ingratas, minhas alimentantes mãos mordem,
Corações sombrios, minha benevolente vida atormentam,
Mentes distorcidas de malícia, são minha frustração futura!

Percepção é prima facie legada,
Mas a pureza interior muitas vezes duvidosa…
Ingratidão do companheiro, minha memória de desespero!

<u>Internos vestígios</u>
do nosso *passado*

Trono Real duma vida edificada,
Através do tempo porta manchas
Inapagáveis de suspeitos passados,

Ah, tais nuvens que não desvanecem
Das nossas mentes... depois de tantos
Eficazes triunfos, ainda eramos
Reduzidos à uma cobarde derrota!

Essa obstinada tristeza debaixo
Da sorrida epiderme, a inconveniente
Praga que se esconde
Num canto da nossa inteligência,

As amarguras em fecundas
Áreas dos nossos corações!
Tão distante a estrada viajávamos,
Impondo arbítrio e poder,

Para no final apenas se rendermo-nos
Aos invencíveis demônios dentro de nós!
Sombrio passado de um simulado presente,
Em reis de hoje escravizados pela outrora!

Relações tendentes a perder vergonha

Em respeito à medíocres relações românticas,
Prontamente se tornaram tais peitos
Em vendedores de carros usados…

Embora se possa desejar
Confiar no pessoal, um não
Conseguia acreditar as garantias!

Surpreendidos voltávamos ao
Quão desagradável
Era a vista na saída,

Do que a da anterior sonhosa
entrada, aquando das emoções
foram convertidas como sendo razão.

Todavia,
Querendo apreciar
O magnífico arco-íris,

Teríamos
De nos preparar
A lidar com a chuva...

As paixões são dirigidas
Em ambos sentidos, perfuram com
A mesma intensidade, ambas direções;

-Quem agora ama, com idêntica
Convicção seria capaz
Igualmente de odiar!

O guarda-chuva
Uma vez alegremente
Conferido no romântico soalheiro dia,

Abruptamente era arrebatado
No minuto em que a fria chuva
Começasse a cair no coração decepcionado…

Janelas à alma

Em alegres olhos confiávamos,
Como sendo vigias à alma;

Mas como maestros de ilusão,
Filhos dum onipotente pensamento,

Vítimas de enfermos inconscientes,
Ofuscados e flexuosos subjugariam eles!

Submetendo-se como órgãos ao
Comando da mente, os olhos rendem
Em admissão de ambiguidade.

Alma, também da sua protectora reclusão,
Podia bem enganar alguém confiando
Em valores superficiais de fingimento;

Sob alguns angélicos rostos,
Deita um fervoroso demoníaco coração.

Turvos olhos conflitos, ainda glosando
Em abundante sedutor glamour!

Liberte-se!

Liberte teu coração!
Alegre-o ao esvoaçar
Às graças do amor.

Ao bem teu, num estado de nirvana
Benigno, liberto em espaço
E tempo, tua alma se rende.

Ao bem deles, abrace teus
Espíritos libertos das rígidas
Restrições das leis e receios!

Como ideal, a vida era mas um falho,
Como perfeita, uma forjada ideia.
- Alas, o seu abranger um flagelo entretido! -

Passado do mágico arco-íris,
Além das mistas amenas nuvens,
Deita uma plácida abstrata prodígia!

Um novo mundo, cujos limites
Só tu podias os definir, aproveito tal
Ao teu íntimo durázio regalo!

Me traga amor

Algo deste me traga!
Para mim, deles amor derrama,
E, também, seus arrependimentos!

Presenteie-me em brilho do dia,
Suspensos das sonhosas nuvens
De solitárias pensativas noites…

De alegria meu coração encha…
Em sorrisos afáveis,
Antes de me trair o abrupto mal…

Distância, que suas falhas curasse,
O quanto meu núcleo mais afeiçoado crescia
Temendo o contágio que da proximidade vinha…

Ainda este vazio em minha alma, anseia por
Consolantes versos, mesmo que apenas
Sussurrados, desprovidos de seus tangíveis!

Este apaixonado coração meu,
Todas as leis do realismo recusa,
Vagabundo, em sonhos, viaja…

Traga-me todos os afectos
Que possa um amor resgatar, soporífero
Ao bem do meu ser, ousando razão!

Era feliz, aquele cujo coração
Entretém não de tolos pensamentos…

Mas só era livre, ele quem sonhava!

Nos olhos de um anjo…

Aos olhos de um anjo
Quão más seriam as minhas ações,
Pois, como pecador, minha vida se espalha?!

Violando o imaginário conceito
Que teus desejos contemplam,
Em tal consternação, as tuas esperanças falhava!

Mas meus anseios, ao objectivo faltam não,
Pois rebelando novas chances procuro,
Perdido num tufão em sonhos de mau agouro,

Que minha alma cativa mantém
No abismo dos meus ternos desejos,
Cujo mal, em tempo, meu coração traiu.

Ninguém além de ti, minha querida,
Como objecto amoroso a mim renderia,
Mesmo quando eu, à penitência me submetesse!

-Consagrada seja a fantasia
Que tua doce sombra desfila
Na névoa frágil da minha sombria mente!

O rejeito justificável

Me despreza ela, apesar dos meus melhores gestos,
Tal rancoroso frio olhar me abate e paralisa!
Mostra ser igualmente evasiva como indiferente,
Raramente otimista, muitas vezes desconcertada!

O sábio teórico épocas atrás anunciou:
-Para viver feliz, um autossuficiente homem
Precisava ninguém. Desobediente, algo dentro de mim
Murmurava uma ideia a se completar com a sua adição!

Seres bem preciosas são as nossas mulheres, pois elas
São mais fortes. Sentem, veem e subjectivam em mais ampla
E compreensiva forma do que nós; Rogo eu, que tais naturais
Virtudes as poupe de alguns imerecidos maus!

Meu descontentamento perante tal rejeição
De raiva e vergonha mudaram à solidariedade,
Pois eu já de mal a tinha dado no passado!

Pedir de desculpas era sinal de fraqueza a um homem,
Esmagando o seu Ego em negativas emoções...
Em descartá-la me arrependeria da sua preciosa perda,
Se continuasse a perseguição, me cansava e revoltava...

A velha canção diz de a mulher ser um infinito livro
Escrito em linguagem desconhecida por homens;
Que ela é a guardiã da única chave ao coração próprio!
Que homens são de Marte, enquanto as mulheres Vênus...

Assim como eu, sei que ela é permeável e terna;
Que também apetece e sonha como eu;
Sei que ela deseja as mesmas boas coisas da vida,
Sei que ambos tememos o desconhecido e atormentamo-nos;

Só é que ela ainda sofre de mais medo... e com razão,
Pois ela carrega esse poder distinto dos homens,
E a dor das tais incuráveis cicatrizes dele...

O Rio

Este mal, em agonia do tal ingrato rio,
Ondas sanguinas porta mulatos e pretos!
Fluxo estridente de espíritos conflitos
Que, pasmados, se paralisam em tempo!

Fria sepultura de escravos filhos, roubados,
Usados e desgastados, rejeitados pela terra!
Vozes proibidas a bem de um frio silêncio,
Gritos sussurrantes de escassos direitos,
Meios exíguos de uma mítica liberdade;

Sonhos agitados de corações negros em vergonha,
Almas perdidas dos nômades barrados,
Sufocados em águas lamacentas da injustiça
Pelos defensores políticos de bárbaros magnatas!
Mississípi, Carolinas, Alabama, Virginia e Geórgia, disso melhor sabem!

Esta extravagante abundância
De bens, privilégios e prestígios
Ao proveito de insensíveis mentes do X,
A festa eterna da sua majestade,
A delícia de seu restritivo círculo…

Muita riqueza, status e glória
Aos ingratos e impiedosos, *(cont)*

Uma vez destiladas do sangue
E lágrimas de escravos inocentes e mudos,

Furtos ao poder de compra das políticas
Leis, regras e status sociais,
A manter flutuando o festejo
Ritmo e alegria de poucos, enquanto
Afundando os sofrimentos de muitos

Fluxos sangrentos e malevolentes,
Submerge os desprivilegiados,
Demagogos e capitalistas extremistas vivendo alto;
Este rio que tão profundo
Corre no meu dolorido âmago!

Esta dor que me consome!
Muitas luas e terras atrás,
Sábio homem confidente me traiu,
Pregando de uma América, doação de Deus,
Terra de liberdade e esperança, ao acaso de todos os homens…

Em exasperado desespero, o negro sozinho numa
Estrada estreita, infrutífera e escura, que a lugar nenhum o leva!
Moto de entidade estatal admite operação dentro dos limites
Da classe privilegiada, enquanto falsamente expressando seus
Valores alardeados em termos universais!

Neste rio nem todos nós vamos na mesma bote!
Caso contrário, alguns iriam da primeira classe, enquanto os
Restantes estavam permanentemente acorrentados aos remos…!

Este inimigo nos atraindo debaixo duma face amistosa…
Parecendo um bom acolhedor ao nosso convite…!
Este convite às restrições, apesar das óbvias indiferenças,
Filhos livres: -sem justiça, comida ou dignidade, mas sempre libertos!

Origem das Ações

Implícitas ou expressas,
Orais ou escritas,
Ofertando ou ameaçando,
Tudo ou nada valem estas!

Ouvidos…
Audíveis ou surdos,
Próprios ou forasteiros,
Transmitentes ou porosos,
Tanto júbilos como choros ouvem.

Mentes…
Aptos ou deficientes,
Bem-intencionados ou maliciosos,
À *favor ou contra virtudes processam*!

Corações…
Sensíveis ou puníveis,
Enfermos ou saudáveis, ao bem ou mal,
Todavia, das mentes, o guia assumem…

Palavras, ouvidos, mentes e corações
Em ordem rendiam todos submissos à força da
Vontade e habilidades cognitivas pessoais,

Igualmente sujeitos e vulneráveis à internos
Pensamentos e formulados sentimentos à comando!

Palavras infiéis

Que aos meus sabidos olhos falem eles,
Ao invés dos meus ingênuos ouvidos...
Votos não de doces-mas-vagas rimas,
Adornas por belas-mas-pálidas palavras…

Porque não em nobres actos, apenas!?
Que sejam tácitas tuas ações, mas ao menos
Palpáveis na abstrata intuição da minha alma;
-Na vida do meu mais necessitado próximo.

Assim discerniria os esforços
De teu carácter, no lugar
Da vazia ostentação de tuas duvidosas promessas;
Pois, embora a cruel verdade possa me entristecer,

A dor duma doce e intencional mentira, seria perpétua!
Sejam eles não movidos pelo raio de
Compulsão, nem impulso de emoções…
Pelo contrário, o raciocínio duradouro de verdadeiros objectivos.

Céus nas alianças dos homens, o inferno muitas vezes me lidera…
Vamos os ver nos seus olhos sinceros, nos seus rostos de coragem…
A escassa luz da minha fé, infelizmente se escurece
Das dúvidas não ainda liberadas no meu sofrido inconsciente!

Paz...

A mais esplêndida mágica sensação,
Que rogava como uma provisão do céu,
Seria a rara especial ocasião de paz...

Nenhuma das indulgências de beleza na vida
Conseguiam o seu milagroso mérito contestar,
Nem seus principais arremediáveis poderes ter.

Nos reinos abençoados de suas maravilhas,
O tempo pára, a permitir o calmar de todas as
Minhas dores e tormentos... meus desesperos!

A vida, então, voltava gloriosa e piedosa...
Pelo adorno complementar do ardente fogo,
O tremeluzir natural das velas acesas,

Debaixo do firmamento, num claro anoitecer,
Seja à beira de águas espessas oscilando
Sem curso, calmamente rolando à eternidade...

- Ou ao silêncio do meu acolhido lar, meu coração
Mais afeiçoado crescia, meu espírito livre voava
Contra os céus, mistificando meu mundo todo!

Perdidas sepulturas

Embora da vida tão cedo partiram eles,
Cura não ao meu espírito concedia…
Por tanto tempo sofrimentos cortaram
Meus irmãos, perdidos, invividos, antes da morte!

De longe, a harmonia em nostalgia se incubou, ao meio
Das minhas culpadas tristezas por suas vidas sem vida,
Mesmo que a vergonha interior, em raiva se transformava…
Mesmo quando as rugas no rosto da velha mãe se rasgavam!

Às vezes temia suas mortes, alerto à penumbra de um
Errado passado perante a fria ingratidão do mundo!
Minha penitência falhou-me em os redimir... muito o tentei,
Mesmo que algumas apatias, em tristeza fingia!

Por próprias mortes, pereceram eles a um fim,
De onde nunca se retorna! Daí só vem culpadas dores
A penetrar ingratos corações de vivos pretendentes…

Sozinhos, desertados e indignos, enterrados foram!
O lugar das suas sepulturas não se conhece!
Dizem de não serem marcadas… que triste pena!

Minhas forças, em medo se dobram... em culpa!
Como um perdido, choro por túmulos de desconhecidos,
Amedrontado pelas nocturnas frias nuvens
Que atormentam meu semimorto coração

Na violácea fundura da enlutada alma…
Na atemporal ternura do meu solitário espírito,
O escuro, frio e silêncio como companha única…
Meus sofridos falecidos irmãos, apaticamente lançados!

Platônico: *-malignos desejos dentro das paixões*

Aí onde se consagra veneração
À alma, algo fenómeno se emerge;
Mas aonde só desejo pelo corpo surge,
Apenas manifestações se procura!

Privado, visando satisfação
Em luxúria, um potente homem meramente
Era reduzido a uma primitiva conduta bestial;
Estava logo perdido em perplexidade!

Cada sorriso de sincera amizade
Era tomado como pedido romântico,
Cada palavra simples uma sedução,
Em cada olhar corporal, uma clivagem!

Mentalmente despindo e prevendo cada postura
Em inveja, era o reflexo de uma mente doente
Sobre o corpo duma senhora salvaguardada
Mas apresentada elegantemente trajada!

Desejos cegam melhores corações,
Obstruam saudáveis mentes,
Enfraquecem capacidade e vigor, roubam um
Homem dos seus verdadeiros potenciais!

Muitas boas chances ao amor tragicamente são
Abortadas ao sofrer de ardentes aficionados
Apressando-se para o sabor do corpo,
Perdendo assim o ultimato sagrado prêmio!

As paixões deviam ser domesticadas
Ao benefício espiritual e qualidades abstratas…
Espírito, é o que prevalecia nos transes de amor.

Platônico / **Aristotélico**

D'aqueles por quem odiados, em eminente
Ameaças do mal, indefeso nos mantínhamos!
No entanto, quem tanto amávamos,
Tão pouco nos libertavam, pois, por tais
Ainda como mais escravos nos concedíamos.

Rugidos furiosos dos nossos cruéis inimigos
Menos nos assustavam do que o cúmplice
Silêncio tortuoso dos tais amados amigos,
Enquanto perante um só mesmo doloroso acto!

Na vida, algo que mais amássemos, seria,
Por vezes, o mesmo que haveríamos de sacrificar
Em benefício do moral mandato favorável à
justiça ou à conquista da nossa liberdade e digna
sobrevivência!

Um homem virtuoso, em boa razão e temperança,
Era rico em virtudes e místicas bênçãos
interiores; podia ter sido ele pobre
Em dinheiro ou sem amor,
Mas espiritualmente sempre realizado e contente!

Ser feliz é estar em uma conexão voluntária com
os sentimentos interiores mais profundamente
enraizados no bem, e em aceitação, conforto e
assentamento acima do interesse na vida, nas
pessoas, lugares e coisas!

Para ser autossuficiente, era preciso pouco
desejar, embora espiritualmente se entregar em
grande parte! Haja na vida tempo para tudo,

embora em nenhum obtido iria tudo ser; ainda
sob a nobre razão subjectiva,

Ficávamos ricamente apaziguados! Os bens,
todos serviriam apenas como afecto aos apetites
intendidos à prazeres passivos, que nunca se
amontavam a criar um estado puro e preenchido à
alma!

Tais, apreciados podiam bem ser, na medida em
que não nos possuíssem; -Um, só e lucidamente,
devia os possuir! A vida material não passa de ser
um atoleiro de ardor. Nos possuem as possessões!

No final dos dias, tal alma pura, humildemente
Sorria cara ao céu, depois de um manual
Trabalho diurno, a caminho ao amor de casa!
Por pouco querer, em abundância os teríamos;

Mas, em nada querermos, tudo tínhamos!
Ser livre é nada querer, aceitar o que não se pode
Mudar, sendo pacífico, sem Ego e
misericordioso.

A busca sanguínea por meios pecuniários é
insaciável. Mais pobre era o homem escravizado
aos seus magnetismos. Pois, em tais esforços, as
virtudes eram perdidas, a alma prematuramente
matada!

Livre seria ele que como livre se sentisse, se
vivia, aquando apegado a nobres filosofias!
é só!... o resto seria, mas uma irrelevante
redundância a um abuso mental!

Transcendentalismo/existencialismo

Embora melhores resultados esperaríamos
Dos nossos esforços e lutas,
Estávamos melhor, preparados para o pior.
Vivemos ao bem do considerar de um viver do próximo.

Com muito vivíamos, com pouco viveríamos;
Por natureza própria, felicidade nunca era quantificada,
Há que se afortuná-la à base do sentir, não do possuir, afecto material
Falha o preencher espiritual apesar do inicial passivo estímulo!

Ao avançarmos o nosso óptimo gênero em ações de graças e
Nobreza, embora possamos oferecer do nosso máximo,
Prudente e em temperança aconselhável seria, deles o mínimo esperar.
Alguém quem gratificação nenhuma esperasse, jamais desapontado tornava!

Aceitação das coisas da vida em áreas fora do nosso alcance
Ou de jurisdicional dever social em mudá-las,
Seria quão superior a uma vã luta contra suas existências.

Verdadeiro senso de felicidade nasce em chãos de
Mútua compreensão e orgânicos ajustes.

O perdão ao alheio arrefece o coração, acalma a mente,
E instila uma sensação de grandeza ao benevolente,
Enquanto a raiva e o ódio estragariam no fundo interior, a pobre alma.

Nossos invasores são dissuadidos, ajudados à cura,
Caso contrário, derrotados pelo nosso senso de benevolência!

Simbolismo, mérito afronta com tal passividade, superficialidade e carência.
Gradualismo, o sofrimento prolonga, por em perpetuidade as necessidades enganar.
Insensibilidade se apega a preconceitos, tornando frio um mau por de trás das máscaras sociais.

4,5

Em sentido protesto para seus clamores,
Furiosos e carrancudos eles profeririam
Uma dor resistida… uma paz à indignação!

Então, uma revivida agonia é solta por vida de um negro
levado cedo e injusto, pelas mãos familiares do mal, em uma
polícia branca "garoto-propaganda", protegido por

Um júri formado por seus pares no coração de uma fervida
Área negra pontilhada por uma supremacia branca que se
Esconde sob os véus de uma pseudodemocracia injusta;

-A morte a tiros de um desarmado jovem negro
Citado por andar fora do passeio! Uma morte das
Mortes injustas do tempo… um passado e futuro de tais mortes…!

Embora condenemos a violência e a destruição,
Sabemos que o fazíamos como fruto de uma observação solitária
Germinando em sentimentos de quem pouca adjunção tinha ao sujeito…

Só a triste alma que descendeu ao abismo sangrante e horroroso
Da escravatura e suas eternas negras ramificações
Podia tais deformidades espirituais herdadas começar por entender!

À vista do desespero, na escuridão da desesperança
Dos corpos escravizados, corações trespassados e abalados…
-Tais mentes só poderiam oferecer raciocínios incomuns;

-O calmo, sóbrio raciocínio, injustamente interferiria com a urgência!
A violência é a paz dos violados, um alimento ao revolucionário
E gratificação dos oprimidos…

Palavras impressionantes, mas abstratas e vazias de uma terra de liberdade fingida,
Reivindica todo o homem como sendo igualmente criado, abençoado a viver
Aos seus verdadeiros potenciais, conquistando as felicidade individuais! *(cont)*

Um pobre negro Filho, como um fuzilado cão, jaz **4,5 horas**, em sua poça de sangue numa rua de Ferguson, MO, USA, enquanto espíritos conflitantes de muitos irmãos; desde as margens do Nilo, até ao Mississippi, Selma, Birmingham, Memphis, Chicago, Baía de Galveston, Greenwood District em Tulsa, Ad Infinitum… Encarnam-se nos corações enlutados das vidas desesperadas e sem vida, sufocados na tenebrosidade e injustiça, dando lugar a uma revolta de Vandalizar, saquear e queimar sua raiva e dores… queimar as cicatrizes históricas!

Denunciar tais actos seria apenas fruta de uma Percepção Solitária, baseada em princípios de civismo, influenciada pelas imagem virgens das coisas agora destruídas. Ora bem, como tal seria uma crítica superficial a valorizar instituídas ordens, possessões materiais e a surpresa pretendida pelas mentes que só podiam ver destruições causadas pelos considerados como escravos e sub-humanos, então como mau e inaceitável. Quando destroem os brancos, e não se podia de a verdade esconder, uma desculpa era então procurada, ou mesmo heróis vítimas considerados eles. Mas estas seriam razões tais, baseadas nos mesmos alicerces responsáveis pela escravatura e injustiças diversas destas terras económica e geograficamente grandes, mas minúsculas e não percebidas por senso intelectual ou moralidade universal. De todas as misérias de hoje-em-dia, a mental seria a mais penosa e lamentável, cujas desfortunas devemos ao todo o custo as evitar! Nelson Mandela provou tal resiliência e crença, à profunda inveja humana, ficando emprisionado fisicamente só! Mesmo assim, limitadamente acordo; mal é mal. Pois, pelo menos assim parecia à vista superficial, isto compreendo eu!

Mas uma valiosa pergunta, antecedente a tal responda, persistia: -onde estava escondido o bom, gentil e justo, presumidamente por tantos seculos a evadir ou desconsiderar em sofrimentos, quem agora actua como mau?

   -Mas esta é a tal velha merecida resposta, da qual correm todos eles-

Por não ter meios de aqui melhor argumentar, então rogo a bondade e qualidade melhor do leitor, a me ocasionar graças e simpatia, a esta prosa assim terminar:

 - O sofredor imparagonável e absoluto, em termos do seu único e qualitativo sofrer, merece ser concedido o moral e universal privilégio de raciocinar, a censurar seus próprios actos!

Por outro lado, os cínicos e cegos críticos de suspeitosas intenções, deviam manter tão confortavelmente silenciosos como antes!

<u>Moralismo</u>: *Virtudes & Vícios*

Onde está a verdade?
Na súbita suspeitosa pausa onde cai ao silêncio a tua arenga?
Ou seria em sua ausência dentro das tuas asserções?

Onde está meu amor?
Será na frieza escura dos seus vácuos corações?
Ou no abismo entre o dizer e fazer de rostos pretendentes?

Onde neles encaixo eu?
Seria antes da injusta traição deles?
Ou antes das minhas ações, mas depois dos seus prazeres?

Podia em minhas dúvidas promessas suas garantir,
Descendendo tais ocos peitos em sorrisos brilhantes, por línguas de mel;
Então, desânimo meu sempre dilatava, ao espírito sempre desanimando!

A fosca rosa a mim oferta, desfaz ao recebê-lo, só espinhos restam,
Débeis palavras evaporam ao insignificado ar, só resta vergonha,
Mas por constante dor, a minha existência ainda era confirmada!

Nos confins onde meu amor solenemente sonhado é,
uma solitária alma para sempre vive… ou só tenta viver?!
Sim, alto aos céus, donde caem lágrimas da minha pálpebra…

As virtudes humanas foram palavreadas pelo papagaio,
Disfarçadas pelo camaleão, escondidas pela raposa…
Após seus resgato, então traficadas por homens viciosos!

<u>Crítica Sociopolítica</u>

Erróneo modo de vida Americana,
<u>Ainda como correcta, pretendida pelos convidados.</u>

Nem todas as esmolas deviam ser engolidas de imediato e por si, ainda antes de saber da higiene e o estado de saúde da mão esmoleira. Por si, a medicina, para um adequado consumo requer diluição e/ou alimento, a aliviar digestão e sua transição adequada às células! Tanto uma como outra, deviam seguir o ritmo de uso civilizado e os tais melhores poderes racionais por fim nos conseguidos pela nossa evolução, a não nos desservirem prior do que as necessidades requerentes delas. Que as vezes a medicina era pior do que a doença, e mais se morre da visita do que da própria doença! Ademais, esmolas as vezes são acompanhadas de remoque e desdém a despersonalizar um homem.

O imperdoável erro em assistir um emigrante realizar tal cega sonhosa aspiração, sempre foi de o omitir graves avançadas instruções sobre os perigos contidos em má administração ou excesso, a vir como apressada consequência das estravagâncias, e os efeitos contagiais que como incisivas colaterais da influência social do novo meio vinham a chover nele, quando ainda perante a permeável mente e doente espírito! Me tomou esta epifania em 1983, andando sozinho e chorando nas desertas ruas duma pobre cidade cheia de neve, e fria, contemplando a minha frágil vida, então perdida. Aqui vivi meus primeiros três anos, como um frágil néscio nómade, frequentando maus lugares com má gente! A razão de me ter escapado do pior, não foi por não ter oportunidade ou experimentações negativas. Meus caros dois irmãos de pior fim, não tiveram tal sorte como eu! Uma comum tendência humana nas fraquezas psicológicas, era de se tornar contra um percebido objecto no mundo exterior, o qual aparecia na imagem do pensamento represado do inconsciente, simulando o que no passado tanta injusta dor nos deu! Por isso mesmo, tornávamos em o que apenas ontem tanto condenávamos, enquanto caindo em síndrome de negação ao imediato senso de culpa após tal, resultando na consciência. Tendemos, por imediato instinto, de ser o que contra nós foram eles ou as coisas de antes. O realismo escassamente se altera a nos acomodar perante nossas tranças emocionais de um espírito enfermo, no entanto, assim nos abandonando como solitários a um mundo de confusão e do mal. Em tais casos e/ou possuídos de impulsos adversos, no crescimento de um desejo ao preenchimento do vazio deixado dentro de nós devido tais faltas e culpas, tentávamos de em espasmodicamente se glorificar por actos superficiais de aproveito em alimento espiritual, ou como rebeldes e destrutíveis do próprio, à eliminá-los. Acoplando tais fraquezas à da elevação suprema do Ego, haja nesta a receita mais provável à decadência constitucional do Ser. Somos bem fortes e invencíveis…, assim sentíamos! No entanto, tendo o caso, seriamos só tão fracamente fortes como o mais frágil elo fazendo parte da robusta impressiva corrente mental das nossas ostentações e proclamações de Ego. Pois somos muitíssimo mais fracos do que a formiga, mas nos enganamo-nos sempre do contrário! Psicologicamente, era ainda tendência humana sobremaneira dum imediato saciar e festejar à satisfação própria, que o próprio era intuitivamente aceito como o centro de tudo, o merecedor do derradeiro prazer.

-tal, então o complexo de centralização psicológica do carácter-. Neste processo, um era cego aos princípios morais e lógica, em grande parte, subordinando-os ou marginalizando-os como cancelados elementos no processo racional, ao bem do intuito primário já avançado à primeira satisfação. Sentimo-nos como sendo o eixo do mundo à volta! Tal frequência seria ainda ampliada em termos de relevância, posição e intensidade, aquando das experiências do passado só penitências se via o tal Ser. Seria esta a forte fraqueza a ruinar o carácter, aquando das chamas em tentações às paixões da alma, um indulgente festejado hóspede se faria. O *Sigmund Freud*, antes dele o *Aristóteles, o instrutor deste, o Platão*, e depois deles o *William James*, unanimemente nos aconselhavam neste respeito, em certas formas. Tais cientistas nas áreas de psicologia humana e funções mentais (*Sigmund Freud & William James*), levaram a vida a estudos, experimentos e tratamentos a ver com neurologia, bem como análises e terapêuticas psicológicas.

Por sorte, me acordei à tal fatal realidade aos 21 (1983), três anos depois de chegar. Considerei então, de já ter-me danado bastante, através de análises sustidas; tando a introspectiva, como a extrospetiva, as quais foram respectivamente confirmadas ao meu razoável aceito intelectual. A primeira, por irrefutável derrota administrada por profundas assentadas crenças defendidas por lógica e princípios morais de natureza própria, que as internas tendências eram presente, constante e alarmantes, o comportamento os confirmava sem dúvida. E a segunda, pelas empíricas realizações vistas nas caras tristes e desgastadas, as vidas estagnadas de muitos caros irmãos que aqui já estavam muitos anos. Esta última, ainda se provava de mais grave a realização, aquando destas vidas vinha eu as juntar à uma brévia compreensão e projeção relativas à realidade americana e suas funções, suas caras influências na vida humana! Me parti destas análises convencido que algo de mal estava comigo, que não andava eu bem! A minha forma de sentir e agir estavam horrivelmente más. Comecei a pôr as coisas em melhor perspectivas a me acordar uma justa dedução, sem nenhuma compaixão ao meu próprio. Após tais exames do meu ser, bem críticas e profundas, em tempo me elevaria a assumir melhor controlo e procurar uma reforma intelectual, espiritual e um comportamento equivalente às novas percepções do meu caracter. Até ainda me encontro pregado a este árduo e constante trabalho, que nunca nos reinventamo-nos em pessoa integralmente diferente, somente aprendemos nos controlar de melhor. E, com os hábitos ajustados, dávamos a impressão de nos melhorarmos, pois pensávamos e reagíamos em melhoras.

Vemos, que a disfunção sempre reside dentro de nós, não tanto a ver com o mundo em si e por si; pois corrigindo a nossa percepção primordial e o funcionamento emotivo internos, havíamos então de nos melhor adaptar e funcionar acordadamente aos nossos princípios, em conjunção ao mundo. Pois, a verdade é que sempre girava e mudava este, que nunca se perfeitaça, quanto menos ao nosso querer. Uma grande dificuldade com o ser humano, era de sempre procurar respostas aos problemas internos nas coisas do mundo exterior, das infinitas e abstratas distâncias milagrosas, de criar algo no qual afixar a culpa, e tentar sempre importar ao espírito algo estranho ao seu mundo. Partimo-nos do nosso ser com todas as suas evidências espirituais, a procurá-las sem fim, no mundo de fora… pois nunca realmente queremos nos confrontar ao nosso próprio e aceitar sua miséria, horrores e embaraços. Tudo há de vir de por dentro; nada se possa importar ao espírito, a não ser enganos a pacificar e falsamente, a se apaziguar transitoriamente. Há que se afixar às forças espirituais e clara sabedoria dos romanos *Cato, Sêneca e Cícero*, debaixo das bênçãos dos gregos *Heracleus, Sócrates e Platão*!
Não ainda aqui esquecendo de umas das mais válidas lições do *Mahatma Ghandi*: "devemos nós de ser aquela justa mudança que no mundo gostávamos de ver!"
Subsequentemente, me alertei também sabendo, que a fecunda luz me tinha ficado atrás, onde razão e sabedoria não eram alteradas por ansiedade económica, ou o espírito danado pelo barulho do estrangeirismo ou modernismo. Assim foi que me recorri aos conselhos uma vez a mim ditos nos pobres-mas-reais chãos de sabedoria antiga da terra-mãe, onde a pobreza provou ser riqueza. Na mente escritos, no coração encravados, nessora em socorro os acordava à minha salva-guia.

Pois, Gente, se perdêssemos as heranças da nossa boa e rica terra em cultura, civismo e curiosidade intelectual, o nosso espírito humilde e bem-criado dos bons conselhos e bênçãos, e do lado avesso embarcássemos numa busca cega de bens materiais, caídos em quotidianas práticas de exotismo e voga, no fim realizávamos de nada reter. Perdendo o indivíduo a íntima e clara conexão com seu espírito, tudo então perdeu! Pois nada aqui viemos buscar, senão o dinheiro e o que comprava o dinheiro. Os valores humanos viemos mais para ensinar a eles, que do tal aqui pobríssimo é! -mas este seria tal triste gravíssimo erro nosso: -que confundíamos a superfície do mar como sendo fundura, e as artificiais ereções na terra como como sendo parte dela! Há sempre mais marés do que marinheiros, e quando o baixar da maré se expunha recifes e outros submergidos perigos à navegação vital, já era tarde a nos salvarmos. Os prédios e as riquezas da América nunca serão nossas, pois nem seriam dos 99% dos americanos! América nasceu vendida à poucas mãos, para assim ficar. Tais são estas, umas mãos pouco esmoleiras mas bem castigadoras e desumanizastes, escondidas atrás dos sorrisos em amizades fictícias!

Numa cena cinematográfica que tinha visto eu, um oficial da classe plutocrática intimidava um cidadão de ascendência Italiana. Depois de muito o ameaçar e enxovalhar em indignidade e abuso, acabaram por um compromisso a exonerar o último, em troca de valiosas informações recebidas pelo primeiro. Quando se despediam um do outro, o Italiano então o perguntou: -diz-me lá, ó senhor oficial, o que é que vocês têm como orientação moral, cultural e herança? Pois nós temos as nossas boas tradições, religião e rica história, até os Indígenas suas ricas espirituais tradições… tal oficial, então depois de uma pausa em desprezo, voltou e respondeu em arrogância: -o que nós temos era o que todos vós se morrem a imitar; são tais os Estados Unidos da América; vocês são apenas uns convidados a prazo, de direitos limitados! Mas já sabia eu que só seríamos nós uns insignificado convidados a termo, e assim me restei sem insulto. O melhor que podíamos beneficiar disso, era não nos perdermos no processo, mas aprender não só acumular uns miseráveis perdentes centos a nos enganar a mente e nos fazer mais ignorantes, a vida menos significante, as nossas práticas menos morais ou fraternas, mas sim a entender o jogo e participar como dignos homens no processo… muito poucos imigrantes se preocupam com preservar seus valores, em andar de cabeça elevada ao ar, instruído e respeitado como homens de ontem numa sociedade diferente. Muito pobremente se tentam educar, integrar e desempenhar um papel de cidadania no novo mundo em contesto justo às demandas funcionais. Poucos já se reconhecem no espelho de ontem as suas imagens de hoje, mesmo após tantos reajustamentos mentais à conveniência das culpas na consciência! Gradualmente-mas-certo, são as almas vendidas bem baratas, em retorna de benefícios pecuniários ou falsas crenças de elevação individual por meios materiais, e condutas básicas de vanglória, rivalidade e imbecilidade! Recordamos que em Cabo Verde se cantava que a Holanda também nossa não era. Nem foram a Angola, Guiné-Bissau, Moçambique, Dakar ou São Tomé, embora pretendemos nestas brindar como assimilados mulatos sábios, ao mesmo tempo de escravos aos portugueses, usados como seus convenientes idiotas.

Teríamos de aqui apontar a respectiva **<u>Premissa Filosófica</u>**:

<u>*EUA*</u>: -sua Democracia: -Apenas uma teátrica alegoria do etimológico significado da palavra, sua conceptual definição, quão -ainda pior- como acordada ao pragmatismo relativo. Na melhor das hipóteses, só se elevaria a um corrupto derivativo do verdadeiro conceito. Para começar, o fecundo elemento estrutural à tal modelo económico-política, e sistema governamental, nomeadamente o *princípio meritocrático*, prematuramente abortado longo foi ao benefício autoritário da classe económica suprema. Deste infetado ventre, doravante só nasciam aristocracia e oligarquia apelados de

pseudónimos dissímulos. Distintamente, o que mais verdade seria, é
que tal realidade era tendente a uma geral alienação social perante
oportunidades e direitos, e que sempre e de carne foi mas uma
plutocracia de desigualdades constantes, crescentes aos céus, debaixo
do protector véu governamental do anterior simbolismo. Um conceito
figurativo, desenhado e instituído por sujas mãos de infiéis políticos,
persuadidos pelas forças económicas de pouca alma. Tais forças
descendentes de actos traumatizantes aos próprios, pelo original
genocídio dos indígenas da terra, seguido pela barbárica e longa
continuada escravatura e tráfico de negros, e os maquiavélicos
desenhos parlamentais injustamente a favorecer a manipulativa e
clandestina classe super-rica.

Teocracia e *supremacia racial* ainda se juntam ao sistema
plutocrático como as facções político-governamentais suplementares à
uma nova iniciativa para a promoção de políticas malignas de
subjugação das massas em torpor, como agentes activos para o
divisionismo entre elas com base nas suas divergentes crenças e
heranças raciais. Tais como foram aquelas guerras sem disparo de
armas que visavam a admissão de um no céu à custa da condenação
de um outro ao inferno, e os que na terra seriam como mais puristas,
enquanto consideravam os outros como uns pecadores atormentados.
Nenhuma política ficava exempta do elemento religioso, pois este
sempre é a mais espiritual sedutora no processo do tal irracional
convencimento humano e controlo mental dele. Atrás dos escudos
religiosos sempre se escondem forcas escuras de maldade geral, a usar
tais crenças teológicas e práticas como preferidos eficientes veículos
aos tais diabólicos fins.

"A religião é o ópio do povo", disse *Karl Marx*. "a visão duma
oprimida criatura, o sentimento daquele mundo que não tem coração e
a alma das condições sem alma. As pessoas procuram conforto na
religião, que a religião suprime a política emancipatória, impedindo

assim as massas de se revoltarem contra os que estão no poder e os oprime",

Por outro lado, sendo este chão (EUA) um de solo sangrante de colonização à base de genocídio e escravatura, seguidos por imensa imigração a se juntar à exploração dos ex-escravos em produção de bens, então a supremacia racial vinha conquistar posse e grandemente influenciar leis e tratamentos diversos dos homens de tons diferentes. Isto é conseguido, ajudando a moldar a promulgação de leis obrigatórias e vinculativas para os humanos contra os seus direitos naturais como indivíduos, em benefício de visões de vida religiosamente defendidas por alguns, e de uma abordagem mais liberal por outros. Essas leis desciam das mãos cruéis, de corações insensíveis e malignos que fingem serem filhos fiéis de Deus. Tais mãos procuram não ter de ajudar as mesmas facções com as quais se aliam, em qualquer maneira materialmente útil, uma vez que as principais preocupações e necessidades destas continuavam sendo negligenciadas, mas eram ainda aceitáveis, devido as doutrinações radicais das mentes em quimera, e cegas devoções à divindade. Tudo isto faz parte dos esforços para sufocar as massas com um maior domínio e uma menor rebelião em retorna, enquanto os plutocratas perpetuavam políticas públicas lucrativas para eles através das defesas canalizadas dos seus adquiridos estadistas. Em troca, consideráveis doações de caridade chegavam à Igreja através não só dos crentes pobres, mas ainda mais dos super-ricos através das suas falsas instituições de caridade, filantropias e organizações de doações. Esta e a forma mas indireta, mas sempre eficaz das campanhas políticas dos EUA. As espirituais paixões humanas sempre são as mais poderosas, graves e controláveis funções de um ser submetido aos comandos delas, isto sabem os cujos objectivo era de os explorar. Entretanto, os movimentos sociais colocavam em perigo a vida doméstica e as famílias, privando-as necessidades básicas imediatas e de valor premente nas suas vidas reais. Ungidos com uma abundância de razões mágicas para apaziguar o desespero, dar falsas esperanças para um novo amanhã a vir, e um romantismo voltado para um todo-poderoso em suprema reverência e sacrifícios santos. Assim, muitos agora descobriram que é justificável passar fome, ficar despossuídos, desvalorizados, deturpados e explorados aos ossos, pela congregação religiosa e o instilar de crenças e ditados pelos santificados sermões. O mesmo acontece com o facto de muitas leis radicais e injustas terem encontrado caminho para glorificar as mesmas falsas percepções, e para a derrubada sistemática chance de prováveis revoltas em comunidades de pessoas, as quais eram sedadas por tais devaneios fantásticos de superstições escravizadoras e imposições institucionais controladoras da mente. A menos que tenhamos planejado administrar governos e cuidar da sociedade por meio de um milagre, caso contrário, talvez devêssemos então considerar a compreensão de nossos problemas sociais através de suas próprias raízes, e não poupar esforços na tentativa de ajudar na cura deles ao longo prazo, e em forma eficácia. Sociedades engenhosas que procuraram materialmente se progredir, materialmente se progrediam, muito bem, excepto quando caíram espiritualmente numa decadência mais profunda, ameaçando uma dissolução total. Sem uma sociedade saudável, vigorosa e estável, nenhum Estado soberano poderia afirmar existir com qualquer sucesso que valesse a pena existir. Neste ritmo pecante e insensível, foi a América dividida entre os colonizantes da Inglaterra e Europeus escondidos e protegidos pelas grandiosas placas religiosas de Cristandade e protestantes em predominância, identificados por Anglicanos e Congregacionalistas, fragmentados em subcategorizações, Anglicanos, Batistas, Católicos, Congregacionalistas, Pietistas Alemães, Luteranos, Metodistas e Quakers, entre outros... pois que as religiões jamais podiam se libertar das negras culpas de massacres e as injustiças do mundo, sendo que todas a crises humanas terão como elemento uma religião, e que a bíblica não conseguiu ainda silenciar ou apagar a história, embora os incessantes sistemáticos esforços e manipulações, e sendo que o último era empírico, provado, testemunhado e incontestável. Não nos esquecemos o agente primário e efectivo, usado pelos colonizantes e exploradores a dominar países e cativar escravos na Africa: -_Igreja Católica_! Um dos primeiros embarques de negros africanos durante o comércio transatlântico de escravos foi iniciado a pedido do bispo Las Casas e autorizado por Carlos V Sacro, Imperador Romano, em 1517. No caso da América, tal religião nem só facilitou cativação de escravos, mas ainda continuou abençoando o animalesco uso e abuso deles na produção económica dos tais colonizantes acima mencionados, à quem foram os Chãos ofertados. Ainda até as datas recentes de 1960s, foi esta a Igreja das últimas a simpatizarem ou aprovar o movimento de direitos civis contra o extremo pecável e imperdoável racismo dos EUA, os massacres e linchar de negros, como nos lembra o _DR. Martin Luther King_ numa das passagens do poema escrito por detrás das barras de ferro da cadeia de Birmingham, Alabama, intitulado de "_Letter from Birmingham County Jail_" dos 16 de Abril de 1963. Por isso mesmo, hoje estão ricos os descendentes dos tais originais predatórios, ajudados pelo manter do status quo debaixo da escravização mental das religiões. Enquanto estas pobres linhas escrevo eu, o tribunal Supremo do Estado de Alabama, EUA, passou uma lei a violar os cidadãos em cruel autoritária maneira, sobre direitos reprodutivos, directamente debaixo da pressão religiosa dos tais selvagens bárbaros escravizantes deste inferno que suportam ainda o candidato mais cruel que o mundo vinha a ver nos últimos 70 anos, cujo sucesso continua mesmo perante inúmeros casos de destruição, ilegalidades, corrupção, maldade geral, imoralidade obscena, licenciosidade e pecados mais escuros possíveis, sempre protegido e suportado pela Igreja Cristiana. Não tão distante, o Estado da Florida ultimamente instituiu uma lei rigorosa a proibir certos livros em uso escolar e em livrarias públicas, pelo governador então de ambições políticas presidenciais na altura, campanha cuja precisava de ser paga pelos caroções que têm dinheiro mas não são humanos. Tais livros seriam os a ver com a escravatura, desigualdade e injustiça económica, racial e semelhantes… Esta é a alegórica Democracia e liberdade humana em que vivemos nós, debaixo das tais falsas bandeiras de paz e direitos democráticos.

Mas retornamos aqui à discussão da estrutural socioeconómica realidade dos EUA. Curta do tal fecundo primário elemento, (*a meritocracia*), a classe média então gradualmente, mas ainda certamente, se decompôs-se em a da pobre. Tal margem sempre porosa, se acaba for confirmar tal sistemático processo diariamente hoje, causando a grande perda de fé nos que se lutam a sair de pobreza e ter uma decente chance à conquista das suas quotas capitalistas uma vez crida como merecida pela aplicação própria aos sacrifícios produtivos prestados. Tal inquieto se elevava a uma maior dessatisfação social e revolta, mesmo que o fundo causal grandemente era incompreendido pelas camadas sociais menos avantajadas, também menos instruídas ou curiosas. Estas, por conseguinte, alienadas e tornadas uma contra a outra, nem só facilitando o manter do status quo por truques do desvio da culpa e sentimental divisão social, mas também crescendo a popularidade e aceitação do sistema plutocrático como o intuito político primário do tal truque. Há uma espécie altamente preocupante de veneração amedrontada à classe suprema de super-ricos, uma crença crescente de se submeter à tal núcleo incontestável, sem qualquer resistência ou protesto.

Benjamin Franklin, ao sair da sala de convenção constitucional de 1787, em Filadélfia, Pensilvânia, for perguntado por um jornalista: -que tipo de governo conseguiram assegurar? E respondia ele em retorna: -o de uma república, se o conseguirmos mantê-la. Digamos isso aos homens mais fracos da arena do circo político de hoje, cujo objetivo é apenas conflituoso e cuja perceção é elementar e altamente perigosa.

A actual política americana, mais do que nunca, é lastimável, baixa, socialmente contraprodutiva e deplorável em talento e missão. Se reduz apenas a um traficar em gestos bombásticos, fabricadas crises e um vender de mentiras sem fim. Há quem cego ardente adepto do Partido Republicano que acreditava uma notícia ou palestra propagandista a o convencer que o céu era castanho, seu deus um político, verdade mentira/mentira verdade, realidade magia, e que os democratas bebem sangue de crianças virgens… O extraterrestrial, mentalmente e moralmente desprovido criminoso último boneco idiota usado como sendo presidente, depois de os sacrificar as vidas perante o COVID-19 em milhares, através de mentiras ilimitadas, então os aconselhou de beber lixívia como sendo remedio, modificou um mapa cientifico por uma negra caneta marcadora a ampliar o trajeto de um ciclone, e prometeu de poder fuzilar um qualquer cidadão nas estradas diárias de Nova Yorque e não perder qualquer voto sequer, e tudo isso aceito foi… tudo isto parece até ser mentira, não?! Mas a política era desenhada ao molde to público. Pois só por aprovação do último existia o primeiro, e ao existir era a tal criada a satisfazer o mesmo e ao mesmo subjugar. A gente merece tais escolhas políticas, no fim, pois através do representante se possa especular da qualidade mental e/ou moral dos representados debaixo de um sistema democrata de um certo razoável modo.
Dos EUA, se levanta como a mais cruel penitência ao intelecto moral e ordem social. É uma política que se pretende de forte e corajosa, quando na realidade se nasce em medos, sempre escondendo atrás de personagens em alter-ego, correndo da verdade e suas interrogações directas, alimentando nas fraquezas tristes de um povo bem atrasado mentalmente. Depois da vácua expressão demagógica, se resta em um fictício populismo, divisionismo e esclavagismo mental por práticas de perseguição a medo e um constante semear de desunião, sempre em quimera e ilusivas vazias promessas. Ela era especialmente ajudada pela internet e meios mais frequentados pela sociedade

insaciável e altamente permeável dos adeptos de inverdades, tais de bem frágeis faculdades, psicologicamente enfermos e conduzidos por imediato superficial sensacionalismo, modernismo e materialismo. Foi este (*meritocracia*) o elemento económico que tanto tentou o *President Franklin Roosevelt* corrigir duma pendente prematura morte (*1933-1936*), mas, como o Lincoln antes dele, e ainda muito mais recentemente o Obama, deram razão aos diabólicos movimentos sociais de caras de lacre carenciados de corações, mas abundantes em verbas e/ou confusão mental. O Roosevelt foi o último pres. republicano emulando senso genérico, coração geral e acentuada mente em lógica e interesses comuns, mesmo perante a alta crueldade que se mantinha. Em 16 de outubro de 1901, pouco depois de se mudar para a Casa Branca, convidou seu conselheiro, o porta-voz afro-americano *Booker T. Washington*, para jantar com ele e sua família. Booker T. Washington um elevado autor, educador, orador, filantropo e, de 1895 até sua morte em 1915, o afro-americano mais famoso dos Estados Unidos, bem culto e contribuinte à educação de negros, a os libertar da ignorância e os integrar na função económico-política dos EUA. A pequena escola que fundou ele em Tuskegee, Alabama, em 1881, é hoje a universidade de Tuskegee, uma instituição que actualmente matricula mais de 3.000 alunos. Por causa dele, hoje a educação de Negros, especialmente nos racistas estados da parte sul do País, é uma realidade autêntica e serviçal comum. Quando a imprensa deu conta deste jantar e o tornou publico, o Roosevelt sofreu grandemente nas mãos dos brancos do sul, os racistas e fanáticos de coração escura e dura, uma alma putrefacta.

Continuando com dados históricos, lembramo-nos de que os próprios arquitetos da declaração da independência, bem como os da constituição dos EUA, possuíam eles escravos em casa e em interesses comerciais, enquanto através dos mais solenes instrumentos de qualidade institucional Estatal, universalmente proclamavam ***"Consideramos estas verdades como por si evidentes, que todos os*** *homens são criados iguais, que são dotados pelo seu Criador de certos Direitos inalienáveis, que entre estes estão a Vida, a Liberdade e a procura da Felicidade pessoal"*.

Que partamos em busca de uma base a sustentar esta premissa:

-A Casa Branca foi construída por escravos sem ganho ou crédito, usados como animais de carga. Visando indisputável realidade, no entanto, os escravos não foram libertos por mais 87 anos depois, libertos ainda desprovidos, marginalizados, discriminados a um dos mais escuros e cruéis sistemas racistas do mundo, sem representação legislativa, casa, chão ou avanço monetário, quanto menos um pedido de desculpas! ...Ad Infinitum!

   -Mas era esta, a tal integral imortal hipocrisia americana que veio da nascença e continua! -

Ainda pior, muito pior, estamos agora mesmo contra a mesma força da escuridão, sempre lutando o adverso regressar à tais épocas, desde que o elemento mais essencial a cativar votos republicanos e a da alimentação da maldade na classe branca de imortais sentimentos racistas, descriminantes e/ou intolerantes à imigrantes e os considerados como inferiores era a desigualdade racial. O Slogan contemporâneo de *"voltar a América como novamente alta"*, nada era do que um criptónimo racista, um apito de cachorros a incitar tais imortais malignas nostalgias de outrora nos peitos dos cruéis.

Vê-se claramente e sem disputa, o crescimento aos céus de caracteres mais pobres e moralmente falidos, vazios em quaisquer capacidades intelectuais ou planos de ação à política pública, confirmados através das campanhas e eleições, das quais só tais párias, vulgares e brutos fariam parte, a triste parte do tal estábulo político, cuja linguagem e comportamento acordavam à expectação da mesma sociedade defeituosa e humanamente básica. Só que escuros sentimento e maldade nunca provaram ser remédio à problemas sociais, que, no fundo, somente tangíveis e realizáveis ações ao bem podiam.

Depois de todos os efeitos de longos anos, o fim ainda no entanto era
o princípio nesta realidade, o que agora mostra gravemente tendente à
outra guerra civil, a única solução que como correção se levanta
reconhecida por lógica, infelizmente! Tal situação possivelmente já
mostrou evidente na revolta aquando da eleição de 2021 no Capitol da
DC! De o que se vê, e inteligente/analiticamente se compreende da
realidade e suas raízes, o problema é do que em 1960s falava o
Malcolm X em sua humilde mas explícita linguagem de um filho
negro criado nos campos visando injustiças: -a galinha agora já voltou
ao poleiro! Uma verdade crescida à um fruto das coinstituentes ações;
intendidas ou consequentes, de qualquer maneira de responsabilidade.
Os Americanos ficavam bem servidos em aprender e aceitar o
seguinte: -Temos direito à nossa opinião própria, independentemente
da sua validade perante a verdade-absoluta; mas do que nunca
atribuídos éramos, seria o direito de possuir os nossos próprios factos,
ainda menos no cotexto de relativas realidades destes; pois factos
exclusivamente pertencem à verdade real, absoluta e constante! Pode
a cabeça variar, mas não a realidade natural e sólida. Com a primeira
podiam eles tanta arenga causar, sem nunca influenciar a ultima ou
conseguir qualquer plausível construtivo fim. Mas assim continuam os
vulgares e pouco civilizados seres de um estranho desprovido mundo.
Agora, esta vazia arrogante lengalenga de "free speech" e transitórias
manifestações públicas, carregar de armas de guerra, comportamentos
a tabu, idolatria, simbolismo e corrosiva soberba, estes só serviam
para espantar o gato ou entreter mentes perturbas e frágeis como as do
Actor! Senso de liberdade só expresso por arenga, sempre sabíamos
de ser apetitivo, pois assim nos instruía tal cão que vinha da Alemanha
este a oeste a ver um amigo, arriscando a vida. E quando o perguntou
o hospedeiro da verdadeira razão responsável à tal perigosa viagem,
confessava ele então que embora o bem estar, as vezes não conseguia
controlar a ansiedade absoluta, a tal vontade e necessidade de ladrar.

Que partíssemos de uma compreensão básica, mas essencial <u>à</u> <u>construção da verdade</u>: Nenhuma útil justiça social era conseguida sem a componente económica, especialmente quando submergido era o homem beneficiário num vicioso sistema capitalista onde até o olhar custava em se realizar. Sempre era fácil teoricamente pretender de se libertar um homem, enquanto retendo todos os fecundos elementos requisitos à tal consequente realização em prática. Assim seria esta apenas uma ação aprendida nas páginas da psicologia humana, ao fim. Pois a fraqueza aí predominante, sempre tende escurecer a intelecção das verdades com as pretensas nos apetites antecipados do senso do imediato e gloriosamente atractivo, sem nunca inspeccionar o final recebido, e assim usável e servível. Era esta ilusória prática, a imitante à magia ou milagres. Este artifício político mostra ser um constante filho histórico de governos postulantes ao próprio, mas divergentes à gente em termos de uma democracia em seu concreto efectivo senso. Tais irrelevantes rotações parlamentárias, girações burocráticas e circunlóquios palestrais dão a impressão à ignorância de um inexperiente de realmente estar produzindo, por em movimento e arenga somente estiver. Os políticos gostam de ouvir falar o próprio, e consequentemente neste sentido incessantemente falavam. O trabalho era feito pelos pouco-pagos funcionários sem louvo ou crédito, mesmo quando o resultado pobre era. O trabalho sempre é feito pela formiga, as destruições pelas patas pesadas e sem direção do elefante. Pois a prioridade era concedida ao teatro sempre necessitando de um fictício Actor a ler versos; ou da memória, ou dos escritos em pobres papeis por passivas letras a se evaporarem ao ajustamento governamental de antecipados expedientes. Assim é o Washington DC de instigadas dores morais e fustigações intelectuais.
No mundo da máfia, e por seus forçosos métodos coniventes e violentos, se pretende negociar em seguintes formas: -ou por grandiosas malevolentes ofertas cujas conteúdo se morria na promessa, ou então por outras ironicamente submetidas em termos

irrecusáveis. Uma das últimas palavras expressas em Chicago pelo mais notório chefe, *Al Capone*, foi: "podia o homem conseguir muito em negociações, quando sóbriamente ostentadas em gentis boas palavras conducentes à união humana; mas conseguiria ele ainda maior abundância, através destas e a revólver". A diferença entre esta estigmatizada prática e as de governos fictícios em seus mandatos e afazeres, era que destes últimos as dores eram mais profundamente sentidas e as destruições humanas em massas e sucessivas; pois o principal intuito e fundamentais maneiras muito pouco se deferem, por outro lado! Ainda bem que a última goza de uma valorosa e expandida autoinstituída proteção estatutária, mesmo que rejeitado e condenado pela lei moral universal em muitas ocasiões de lamento. Que a Democracia nos ilude a um mundo bem estranho das realidades dela, que somos cegamente conduzidos pelo simbolismo apenas. Pois o perigo que nos descendia, sempre era o mais prejudicial e altamente contínuo, quando o actor do mal era o nosso próprio e legítimo eleito! A "Democracia Americana" até ao Brasil, México, India, Israel e Peru causam já vergonha! Talvez porque o erro era de preconcebê-lo como uma! O licenciamento de homens à supremos cargos, sempre será a mais perigosa e fatal ventura humana. Restamos inquietos perante eminentes injustos sofrimentos a nos descenderem como colaterais vítimas da nossa própria sociedade, infelizmente, mas sempre como parcialmente culpados dos mesmos, pois o supremo trabalho social quase sempre era ignorado por nós, devido os afazeres triviais da vida, e o tomar como garantido do futuro e seus componentes primários à vida, liberdade e procura de felicidade individual. As vezes, os mais sublimes direitos humanos e provisões sociais, seriam ainda os mais perigosos ao bem estar, quando da vida se toma com pouca seriedade, suas fecundas propriedades entregues às mãos da fortuna ou violadas. Liberdade, por exemplo, quando abusado em modo manifesto, intensidade ou ampliação, acabava de se tornar mas em uma violação gravemente consequente ao próprio autor

em directo, e colateralmente a sociedade em geral, passando de ser de uma útil ideal noção ao bem-estar, à uma negra destrutiva praga. Pois o homem tende psicologicamente de escravizar e malignar ao próprio com as mesmas bênçãos concedidas a ele para um uso oposto, depois do tanto sacrificar a tê-las como direito e não como privilégio. Devido a cegueira emocional, nos ignorávamos de que com grandes poderes, ainda maiores responsabilidades agregadas vinham. Pois que a instantânea congénita tendência ilusória seria de um imediato devorar em satisfação do próprio pelas estravagâncias de um festejo. Nem menos ingénuo seria ele quem tomasse tais posições político-governamentais como temporários e/ou inconsequentes, pois estabelecendo-se precedentes se determinaria hábitos, cultura e o futuro racionalizar de decisões, além das instituídas leis. O essencial, era de educar os nossos próximos nas verdades e perigos dos votos prestados, e os mais prováveis merecidos candidatos aos mesmos. Faltando tal incumbente cargo cívico, faltávamos a própria felicidade e/ou vida no processo. Tudo estava em causa, perante eleições de homens à cargos de responsabilidade geral. Muitos políticos são agora fabricados duma madeira bem mole e podre, então presentemente, e por consequência, bem moldável e ostensivamente eficaz mas duvidosamente significativo ou prolífico!
As campanhas são ganhas através de poesias apetitivas às massas, mas o governar sempre requer um profissionalismo altamente instruído, ético e sóbrio. O falhar de um planear, seria o mesmo que o planear a falhar. Por vezes e quando acordado me reconhecia, tais elegantes fachadas de hoje então me equivocavam de estar na minha simples, genuína e calma ilha, apreciando o dia de mascarados bem satírico e bem divertido. Mas a questão era de tomar a sério o que de alto corolário global era! Devemos nos manter como parte integral e activa da nossa sociedade, e dela solenemente honrar como mãe. Mas tanta triste divisão a nós nos vinha tentar, nossas chances minimizar, futuro

destruir…! Que as causas eram fabricadas e impostas por homens do mal, ainda mais triste então nos ostentava!

Esta maldade de egoísmo individual, cáustica vanglória e supremo interesse pessoal como o primordial da vida, podia nos voltar em grande perda, afinal. Não havia onde esconder ou a quem atribuir a culpa, para além do nosso próprio, pois somos umas inescapáveis partes do todo.

Da vitória mil indivíduos alegam de serem pais, enquanto a derrota tristemente sempre uma órfã se mantinha.

Em minhas literárias expedições filosóficas, me continha à uma análise e ponderar em profunda qualidade de faculdade moral, desejando ajuizar singulares e equivalentes valores sentimentais destas concepções bem familiares, mas tenuemente ainda dissimilares em natureza e movimento:

- *percepções morais e sentimentos morais*. Pois os comandos mentais e qualidades espirituais se variam entre as duas, desde que uma era subordinada à inteligência, e a outra à consciência!

Similarmente me rememorava das mesmas disjunções entre as leis; as *leis estatutárias*, e as *leis da universal moralidade natural*. Que a primeira nos descendia da frágil e variante qualidade de homens politicamente impregnados e de certo modo preconceituosos, enquanto a outra a casta inata produção da alma liberta do mundo e suas corruptíveis funções.

Actuando ao bem do benefício próprio era plausível e justo, mas ao do bem comum, estes e mais!

Quando perguntaram ao *John Lennon* que em curtos versos descrevesse a vida, então modesto e às calmas respondia ele: -"a vida seria o conjunto de eventos que aconteciam ao nosso favor ou em nossa consequência, aquando de estarmos dedicados à afazeres irrelevantes à mesma".

Mas na da América, nem só era o Homem minimizado em termos de uma desejada vida melhor, merecida e altamente possível perante os meios avaliáveis, mas ainda altamente reduzido pelos efeitos descendentes de tais económico/fiscais práticas o roubando de oportunidades, o explorando às veias e mortificando em indignidade a se ter de transformar num equipamento productivo, cujo maior bênção de capital humano uma vez lhe concedido pela natureza em talentos, passava a ser exclusivamente possuído por um outro homem: -o possuidor de meios financiais e de modos de produção. O modo de pagamento a "wages", seria a forma mais injusta e frisada perante um capitalismo abundante e florescente, pois mantém estagnado o vencimento perante os dividendos crescentes na retorna da produção do trabalho do homem. Comprava o Homem os mesmos productos por ele produzido, a custos crescentes, enquanto seu ganho mantinha-se o mesmo, naturalmente aumentando seu custo de vida independentemente do ganho. Assim ficava sempre pobre, o pobre, voltado cada vez mais rico, o rico. O país, sempre em dívida, altamente subordinado à classe dos super-ricos. Per capita e relativo às patrióticas possessões privadas, um dos mais pobres governos mundiais era o dos EUA, embora o simbólico imaginário nos ofertava algo diferente.

Os dias do defunto *presidente Roosevelt* a levantar as classes pobre e média como os vertebrais da economia nacional, através da sua iniciativa socioeconómica apelada de "*The New Deal*" e reparações sociais futurísticas a preservar os menos possuídos nos passou já há muitas décadas, assim como atenções às infraestruturas e reconstrução nacional de veias rodoviárias. Tudo atrás nas nostalgias daquela América menos injusta e mais universalmente progressiva! Enquanto após, prostituíam-se aos ricos os medíocres e corruptos representativos parlamentares nos corredores de Washington DC, quartos de trás, campos de golf, clubes privados e por transações clandestinas, enquanto vendendo gelo em Alasca e areias nas praias de Miami aos menos mentalmente capacitados da massa popular. Haja armas, drogas, álcool, tabaco, remédios e escravização mental a ajudar

a dor, aquando da mente vinham-nos um penoso entender !!! depois
de muito procurar, a rede então finalmente foi largada aos selvagens
capitalistas Cavalos-de-przewalski, com a eleição de *Reagan*, o
cowboy presidente de Hollywood, algo sempre à procura pelo Partido
Republicano, através dos seus poderes de sombra, para os quais tal
posto só requereria um procurar nas caixas de mediocridade nacional
por um útil idiota aos expedientes das económicas forças clandestinas.
Assim, desregulamentações, ajustamentos taxais, e o "êxodo
capitalista", um abrir do curral aos tais famintos a explorar terras
internacionais com fabricos a semi-grátis mão-de-obra sem proteções
à Natureza ou pagamento de adequadas tarifas, acompanhados por
novas libertas práticas de finanças globais, e as criações de paraísos
fiscais a esconder receitas e lucros tributáveis da Pátria-Mãe através
de novas práticas de expatriação de bens. Daí surgiam a China, India,
México, Taiwan *(a ilha formosa)*, Japão *(a terá do nascer do sol)*, assim como
mais outras internacionais emergentes economias de poder, do que
agora se complicam as plebeias, classe média e invejosos em torpor.
Mas o peixe sempre morre pela boca, o cego sempre em perigo às
bordas do precipício. Certos defeitos humanos são pouco auxiliados
por instintos naturais desde então corruptos pelas paixões. Mesmo
assim tragicamente sempre se acabam por falhar os Americanos
perante os dois mais predominantes cenários: -no um, devido às
incontroláveis magnetizações à ganhos pecuniários, e no outro devido
a cegueira racional, depois de soltados das salas de reuniões
corporativas em atitude arrogante e irresponsável. Muito escasso
entendem eles do mundo e do funcionamento do ser humano, embora
cegamente amavam desafiar ambos, pois que isto satisfaria a
ignorante arrogância e os ofertava chance a um novo ganho. Graças à
Deus pelos armamentos e verbas a os defender por enquanto!
Quando se perguntasse do *Winston Churchill*, primeiro-ministro da
Grã Bretanha, sobre a ingrata e traiçoeira qualidade participativa dos
EUA na segunda guerra mundial perante seus sangrantes aliados,

respondia Ele: -"Podemos sempre contar com os Americanos a fazerem o que fosse correcto -mas só depois de terem tentado o resto todo!" Mas só que mesmo assim ainda ele se esqueceu que se América não tivesse sido atacado em Pearl Harbor 12/07/1941, ainda Ela demorava tal entrada através de cínicas desculpas, ou sempre pelas mesmas, provavelmente manteria ausenta! Mas o futuro iria responder tal questão. Que se atreva endereçar agora as mesmas perguntas aos países do medio oriente, especialmente o Iraque e Afeganistão, ou a Ucrânia e as alianças internacionais dos EUA, onde tais efeitos são de maior consequência e mais contemporâneos. Jamais um mais cínico, duvidoso, ingrato e traiçoeiro parceiro nos ofertava o mundo.
No fundo, o homem era vazio depois de despido o fato e calado a boca, salvo ter retido ele a dignidade espiritual e uma inteligência próspera à liberdade própria. Assim entenderam os arquitetos do ataque em Nova Yorque em 09/11/2001, vindo eles simples e como leigos de um outro mundo, embora condenamos tal acto. A maioria dos tais assassínios originaram na Arabia Saudita, assim como o Maestro criador da organização responsável. Mas como podia América evitar tais relações e os perigos apostos, se Ela grandemente dependia nas riquezas do tal país, começando pelo petróleo e a influencia geral da região, para aqui suster o faminto núcleo plutocrático e grande massa despossuída e em fome?! Tais terroristas, alguns até aqui viveram e aprenderam pilotar. Sempre entre as notas se pode disfarçar uma nota de mal, no sistema altamente cegada pelas paixões monetárias! Também assim, em menos catastrófica maneira, os competitivos países de agora, decididos em agir da mesma forma como a ingrata grande nação sempre fez.

   Em guardada privacidade de numa rica quinta aristocrática, em 1927, a companhia *Coca Cola* festejou à garrafas mais caras de champagne, na lareira partindo os cristais, acendendo com notas de $100 os proibidos charutos de Cuba comprados no mercado negro. Rumores expressam alguns altos executivos bazofiando que já não precisavam do mercado americano. Espero não estarem agora arrependidos disto, e das custosas perseguições das décadas à conquista do mercado chinês que agora escondeu as receitas de produção, ao uso e benefício próprio!

Atrás das volumosas companhias económicas estão caracteres arrogantes, famintos de chicanas criatividades e entrelaço… mas há sempre homens de fraquezas e tendências internas a se descobrir e cativar. São tais sem grande sabedoria ou controlo emocional, criados em terras poluídas de maldade, miopia mental, indiferentes ao mundo exterior e convencidos de serem invencíveis. Mas aonde vai o estranho procurar abrigo, as condições permanentes iriam se tornar relevantes. A inveja é uma característica oculta e adormecida no abstrato instinto do homem, onde raramente se morre. Acordá-la, o pior erro de quem queria ficar mais alto e em paz. Assim tarde se percebiam os famintos Americanos em terras estranhas. A mais pura, rica e apaziguada faze de vida que vivo eu, era retrospectivamente vivida nos simples puros dias da minha doce ilha! Pois amizade então era uma das mais puras chamas no sentimento do homem, quando nada havia por que se batalhasse um próximo. Os estragos humanos surgiam nas guerras viciosas de um abrir de horizontes, onde homens de imediato se convertiam em ferozes animais da selva, manifestando as ardentes ansiedades e viciosas propensões desde então domesticadas pelo processo de civilização! Pois realmente nunca mudávamos, somente nos domesticámo-nos! Era esta a mais profunda tristeza da humanidade! Velhos crioulos sempre saberiam melhor convinha deixar adormecido o gigante, mesmo se seus olhos apertados fossem; mas não os famélicos arrogantes Americanos!

Mas que neste cruzamento voltássemos à realidade nacional. Quem desejar desta sombria realidade melhor se inquerir, devia só objectivamente inspecionar as anais dela em termos de dados económicos, depois os estudando relativos às justas ramificações e consequências, ajustadas à inflação correspondente aos custos de vida e novas percepções do valor mercante, tanto históricas, com futurísticas em suas devidas equações. Daí começasse por se reconhecer uma injustiça económica de proporções inimagináveis. A desigualdade em ganho, teres e, consequentemente, posição social, nem os mais medronhos pesadelos nos podiam as conferir. Nenhuma história do mundo do Homem chegava a comparar-lha, segundo o cândido e mais competente economista Francês, *Thomas Piketty* se aludia das suas longas e profundas análises. Esta assimétrica desigualdade, sistematicamente é desenhada à uma perpétua continuidade, vendo que a maioria das heranças uma vez criadas pelas injustas distribuições de riquezas nacionais em terrenos e seus valores subterrâneos, a escravatura e roubos de chãos, são descontadas pelas reduções taxáveis, a manter a classe rica sempre rica, seus herdeiros mantendo tal status em impunidade tributável. Os estudos e conclusões de outros objectivos e éticos economistas, tais como o *Jeffrey Sachs, Ray Dalio*, antes deles e em mais profundas morais pesquisas e asserções, o *J.A. Hobson e Frantz Fanon*, todos chegariam à mesma conclusão. Igualmente, o economista britânico *Anthony Atkinson*, da London School of Economics, coautor de artigos com Piketty e *Saez*; *Nicholas Bloom*, economista britânico que escreve sobre desigualdade em Stanford; *Thomas Phillipon*, economista francês da Universidade de Nova York que estuda o sector financeiro e remunerações descomunais; *Branko Milanovic*, economista sérvio da City University de Nova York que publicou um livro sobre as causas da desigualdade; e *Stefanie Stantcheva*, economista francesa de Harvard que é coautora de artigos sobre o 1% mais rico e os efeitos da tributação com *Saez* e Piketty…

Dados reais:

- Cerca de 42 biliões de dólares de nova riqueza foram criados pelos super-ricos dos EUA nos primeiros dois anos depois da pandemia. 60% de Americanos, no entanto, sofrem falta e não se sentem como parte deste mesmo veículo económico, mesmo que a economia cresceu 3.3% debaixo do mandado do Biden este ano só!

- 1% de Americanos só, compõe a classe de super-ricos.
- 12,4% dos americanos vivem hoje em pobreza, de acordo com os novos dados de 2022 do censo dos EUA, um aumento de 7,4% desde 2021. A pobreza infantil também mais do que dobrou no ano passado para 12,4%, de 5,2% no ano anterior. O nível de pobreza dos EUA é agora de $ 13,590 para indivíduos e $ 23,030 para uma família de três.
- O *topo 1% detém 38,7 Triliões* de dólares em riqueza. Isso é mais do que a riqueza combinada da classe média americana, um grupo que muitos economistas definem como os 60% dos agregados familiares médios por rendimento. Estes agregados familiares detêm cerca de 26% de toda a riqueza nacional. Os americanos com baixos rendimentos, que representam os 20% inferiores em termos de rendimento, detêm cerca de apenas uns insignificante 3% da riqueza.
- Hoje, mais de 44 milhões de pessoas nos EUA passam fome, incluindo *1 em cada 5 crianças.* Milhões de pessoas nos EUA não têm comida suficiente para comer ou não têm acesso a alimentos saudáveis. A inflação de preços alimentares jamais parece deixar estes poder outra vez voltar aos níveis de antes da pandemia, devido o abuso mercantil e as práticas de manipulação de preços por parte do faminto comércio e os insaciáveis ricos.
- De acordo com a USA Today, órgão informativo, em 2023, dezenas de milhares de pessoas a mais nos EUA ficaram sem casa onde viver, em comparação com 2022, uma vez que o elevado custo de vida empurrou alguns dos americanos mais vulneráveis para abrigos públicos temporários e para as ruas. O número de desabrigados aumentou mais de 12% este ano,

atingindo 653.104 pessoas. Os números representam o aumento mais acentuado e a maior população sem abrigo desde que o governo federal começou a contabilizar os totais em 2007, informou o Departamento de Planeamento e Desenvolvimento Urbano dos EUA na sexta-feira passada. No ano passado, os dados federais mostraram que 582.462 pessoas ficaram sem casa.

Concluindo, <u>EUA nada mais era do que uma plutocrática missão económica, mascarada em País</u>. Como tal, quaisquer e todas as práticas que levavam ao ganho de uma extra dólar, prontamente seriam justificadas em ação, por uma diplomacia em quimera na postura da política estrangeira, esta escondida, defendida e protegida por truques de chantagem, propaganda e manipulativas intricarias estrangeiras, no último mafiada por um medronho e incontestável poder militar! Assim, neocolonialismo, neoimperialismo, escravatura a moda contemporânea, neofacismo, e mais…, todos são vestidos em reinventadas complexas práticas e adornadas apelações. A nossa cantora *Lura* isso a pós muito bem: - "há tanta riqueza que era mãe da pobreza" -. O *Ildo Lobo* nem menos cantou -ou, melhor seja, chorou em versos mais tocantes, simbólicos e verdadeiramente relacionados à realidade- quando das suas ricas mensagens melódicas nos instruía ele das ilusões de procurar um novo mundo de fantasias, nas líricas de "Holanda pertence aos holandeses", "Biografia de um Crioulo", o "estrangeiro era mas uma ilusão" e mais…, e nos alertava da incursão da China e outros exploradores estrangeiros no "portão das nossas ilhas" e outras…
Não distante da macieira caía a maçã, pois pela forma de comunicação se suspeita a geral formação e construção do carácter, seu solo nutriente. Assim comecei por entender a vazia arrogância e triste enganosa ignorância de uns filhos bem vermelhos actuando em raivoso abstracto ritmo, mas sem direção ou justificação!!! No

interior do País, ainda com mais facilidez, as massas pouco interessadas em saber, mas sim preocupadas com triviais abrilhantadas matérias perante mentes adormecidas e corruptas, ou então altamente drogueadas, seja por extra receita medical ou as troca-mão das esquinas urbanas, seriam estes nessora facilmente pastoreadas por suas miseráveis tendências a acreditar em demagogia, propaganda, os incitamentos acreditáveis à distúrbios sentimentais, e mais, sem se questionar a mente ou realidade ao tal fim… Ad Infinitum!

Aqui se faz, aqui se destrói, com maior probabilidade e intensidade na segunda, pois quem aqui vier com pouca compreensão, pobre intenções ou fracamente tendente, achava então o melhor ninho à falhanço e desprovimento ao seu caracter! Para isso este chão era, mas uma incubadora vírica e fértil solo, lugar nenhum era mais favorável à tal.

Que se dirige ele quem tal premissa refusa, a perguntar os nossos pobres deportados filhos que hoje mortalmente se estagnam sofrendo no solo da Terra-mãe, depois de serem usados e estragados por este, condenados perante um iníquo sistema jurístico a eternamente se padecerem desprovidos dos benefícios intitulados debaixo do estatuto imigrante de antes. Deportados por crimes medíocres, depois de aqui se padecerem em prisões lucráveis à privadas corporações, enquanto reais criminosos aqui bem vivem libertos ainda, especialmente nos arredores de Washington, DC.

Filhos aqueles, que aqui vieram debaixo das proteções e conselhos de uns pais bem criados e ajustados a tudo, mas sem saberem das qualidades de dificuldades e perigos que os aguardavam, os mesmos que depois os tornavam em Seres irreconhecíveis por eles próprios. Uma sociedade bem prejudicial, mas actuando e parecendo uma fantasia ilógica, também confiável e casta.

Tais pais, sejam eles do Sacramento ou San Jose Califórnia, de Boston, Roxburry, Dorchester, Nova Yorque, Brockton, New Bedford, Providence ou Pawtucket, o chorar era sempre igual e altamente cortante ao meu fúnebre coração compatriota: -porquê deportar os nossos pobres e sofridos filhos à terra que menos os estragou, e menos lhes possa agora ajudar?-

Mas a Ingrata, injusta e profundamente apática América mantem-se a mesma… sem nunca se importar em responder, quanto menos simpatizar à esta tormentosa decapitante dor!

Que neste escolhido assento me ocasionassem um permitido lugar; que me deixassem aqui ficar enquanto ruminando meus finais conclusivos pensamentos:

Modo de vida Americana: -Uma vida hipotecada às iscas, irresistivelmente conduzida pela má ânsia competitiva em filhos libertos à extensão duma invisível corrente ao pescoço, tal existência à base de participação em moda, onde sensacionalismo era cultura, e grave falsa geral percepção da realidade riscava condenação e morte ao racional homem espiritual. Só que a vida em *sentido-próprio* teria, por consequência, de vivida ser não em carreira, mas sim em cauteloso andamento, pois antes era ela uma maratona decidida não por prática de popularidade, mas sim em relativos valores essencialmente significativos ao mesmo fim. Confiança nas coisas substanciais e firmes de outrora, dão hoje-em-dia lugar a gestos superficiais e transitórios de agora. O pacto do fio-de-bigote do cavalheiro, preservado em papel almaço como fiança à palavra de honra, disso já não se fala… pois seria algo insignificativo, repugnante à mentalidade contemporânea básica. A prática dum aperto-de-mão em concordância, já não dava, que teríamos de contar na volta os dedos, a os certificar em número, enquanto tais olhos se estremeciam ao procurá-los na face oca e pálida do parceiro altamente duvidoso. Se cavalos pudessem votar, hoje haveria nem sequer um automóvel nas estradas, mesmo que piores animais hoje o fazem, e por luciféricos princípios a eliminar a existência dos outros inocentes em torpor considerados inferiores! A vida dos que querem viver, e assim ao benefício comum, em causa e de imediato se rendia... mas aqui, perdão peço eu, pois a preocupação de mitos se reduzia às trivialidades da internet só, onde o pretender era percebido por ser! Relações humanas aqui se limitam a um intercâmbio acoplado de díspares ressalvas. Somente por agendamento, ainda rendendo subordinadas às leis de interesses pessoais e maldade, divertidas só em submissão às gloriosas fantasias da moda do tempo, sempre tingidas em inveja, e carregadas do senso de competição. Por outro lado, toda a existência humana era, de imediato e como ignorantemente final, tomada como sendo vivida vida, cuja significado era medido por fabricado barulho e superficiais truques materialistas. Assim, os que actuam desprovidos de valores morais e refinação em civismo, são exculpados em benefício das suas financiadas aparências, e/ou papagaiadas palavras emprestadas na internet. No fundo, a essência do viver era mas um vazio enlutado em lamentos de um ser pretendido que existe, mas que não vive!

Ω (FIM)

PS "Que a alegria da poesia encha
seu coração com rimas de amor, e carinho para um próximo"

-Seu leigo, sempre bem-intencionado e humilde, Duke R. Silva!